lonely planet

LO MEJOR • VIDA LOCAL • GUÍA PRÁCTICA

MADEIRA

DE CERCA

MARC DI DUCA

Sumario

Puesta a punto 4

La costa norte (p. 93).
KAVRAM/SHUTTERSTOCK ©

Explorar Madeira 39

Merece la pena

Guía práctica 145

Imprescindible

Bienvenidos a Madeira

Geológicamente espectacular, rebosante de colores exóticos y siempre cálida bajo el sol del Atlántico, la isla más encantadora de Portugal cumple con todas sus promesas subtropicales. Perla del Atlántico, isla de la eterna primavera... Madeira bien merece estos imaginativos sobrenombres y el afecto que sienten visitantes y lugareños hacia la pequeña isla volcánica.

Porto da Cruz (p. 95).
PETR POHUDKA/SHUTTERSTOCK

Las mejores experiencias

Descubrir cómo vivían los comerciantes ricos en Quinta das Cruzes (p. 42)

Disfrutar de la playa de Porto Santo (p. 140)

Maravillarse en los Jardins Botânicos da Madeira (p. 76)

TATIANA BRALNINA/SHUTTERSTOCK ©

TATIANA POPOVA/SHUTTERSTOCK ©

Subir en teleférico a Monte (p. 88)

Salir de fiesta por la Zona Velha (p. 72)

JOYFULL/SHUTTERSTOCK ©

SYMBIOT/SHUTTERSTOCK ©

Comprar la pesca del día en el Mercado dos Lavradores (p. 74)

Degustar las especialidades locales en Curral das Freiras (p. 130)

POBEREZHNA/SHUTTERSTOCK ©

SAIKO3P/SHUTTERSTOCK ©

PITSCH22/SHUTTERSTOCK ©

Admirar los techos tallados de la Sé (p. 44)

Recorrer las rutas por 'levadas' (p. 122)

Contemplar las obras de los maestros flamencos en el Museu de Arte Sacra (p. 46)

CARL DEABREU/ALAMY ©

ALDORADO/SHUTTERSTOCK ©

Sumergirse en el mundo de las ballenas en el Museu da Baleia (p. 102)

Dónde comer

Comer es uno de los placeres de visitar Madeira: la cocina de la isla es muy apetecible. Si bien antaño era escueta en variedad, nuevos e innovadores chefs están aportando un toque creativo siguiendo las tendencias que dominan en la península. Los restaurantes tienen buena calidad por norma general y para picar algo rápido hay un sinfín de económicos cafés familiares.

Pescado y marisco

El pescado y el marisco son los protagonistas, aunque algunos restaurantes sirven salmón, frutos del mar, gambas y otras criaturas que no provienen de las aguas de Madeira. Las lapas son el único marisco endémico de la isla.

'Espada' o 'espetada'

La *espada* (sable negro) es el pescado con forma de anguila que llama la atención en el Mercado dos Lavradores. Se trata de un animal de dientes afilados y ojos gelatinosos, capturado de noche en las profundidades del Atlántico y que sabe mejor de lo que aparenta. Solo se encuentra en Madeira y en algunos restaurantes caros de Lisboa. La *espetada* son trozos de ternera, aromatizados con mantequilla al ajo y laurel, ensartados en un pincho de laurel y asados sobre ascuas de acacia. Ojo con confundir los términos.

Frutas por doquier

En cualquier excursión isleña se verán muchas frutas inusuales, como *anonas* (chirimoya), monsteras, papayas o tomates ingleses (tamarillo). Los pequeños plátanos dulces de Madeira se reconocen al instante.

Azúcar y especias

Madeira produce la que sin duda es la mejor melaza del mundo, el ingrediente principal del *bolo de mel* que se parece un

PAWEL KAZMIERCZAK/SHUTTERSTOCK ©

poco al pudin de frutas inglés y se come en Navidad. También se consumen mucho las galletas de melaza, golosinas con sabor a eucalipto y los clásicos pasteles de crema portugueses.

El mejor marisco

Gavião Novo Uno de los mejores restaurantes de Funchal en el corazón de la Zona Velha. (p. 81)

Maré Alta Exquisito pescado a la brasa en el paseo marítimo de Machico. (p. 110)

Doca do Cavacas Marisco suculento en un extremo de la Praia Formosa. (p. 51)

Los mejores restaurantes de moda

The Snug Espléndido restaurante en el Armazém do Mercado con un DJ los fines de semana. (p. 83)

Santa Maria Restaurante minimalista de la Zona Velha con decoración reciclada y un tranquilo jardín posterior. (p. 83)

A Confeitaria La cadena de panaderías más moderna de Funchal sirve excelentes pastelitos portugueses y café. (p. 62)

Los mejores restaurantes tradicionales

Quebra Mar Los mejores platos de Madeira en el restaurante giratorio frente al mar de São Vicente. (p. 98)

Cantinho da Serra Cocina tradicional bien elaborada en un espacio rural cerca del pueblo de Santana, en la costa norte. (p. 98)

Regional Flavours Sencillo y céntrico restaurante de genuina cocina madeirense. (p. 61)

Lo más exquisito

La Perla Comida *gourmet* en una elegante *quinta* de Caniço. (p. 109)

Il Gallo d'Oro Uno de los mejores restaurantes de Madeira; lo ratifican sus estrellas Michelin. (p. 61)

Madeira en el plato

'Espada' con plátano

★ Los mejores locales para probar la 'espada' con plátano

Gavião Novo (p. 81) Ingredientes frescos y sabores auténticos en la mejor marisquería de Madeira.

Regional Flavours (p. 61) Excelentes chefs, servicio impecable e ingredientes locales en un enclave magnífico.

Casa Madeirense (p. 62) Eterno predilecto que sirve platos regionales en una antigua casa de piedra.

Especialidad exclusiva

Esta combinación exótica tal vez sorprenda a los *gourmets*, pero ningún plato en la isla es más típico que la *espada* con plátano, posiblemente el único cuyos dos ingredientes principales provienen del mar y la tierra de la zona. Casi todos los restaurantes lo ofrecen.

Espada en una pescadería.

GERWIN SCHADL/SHUTTERSTOCK ©

Dónde beber y vida nocturna

Hasta hace unos años, la vida nocturna en Madeira se limitaba a una cena con espectáculo en el casino, una discoteca y quizá una sobredosis de poncha. *Pero los tiempos han cambiado: hay numerosos bares y DJ pinchando hasta la madrugada los fines de semana, aunque el 99% de la diversión sigue estando en Funchal.*

Cata de vinos

La cata de vinos es uno de los mayores atractivos de la isla de la eterna primavera. Pero incluso tras probar el dulce néctar de la isla, cabe preguntarse qué es el vino de Madeira. Lo ideal es que se elabore con uvas cultivadas en la isla (o no es madeirense). El vino básico se enriquece con una *grappa* (normalmente de Portugal continental) y se deja reposar en barricas de roble almacenadas a una temperatura cálida. Cuanto más tiempo se conserva el vino, más suave es su sabor y más alto su precio. Al ser un vino oxidado, los vinateros pueden sacar el vino de las botellas, limpiarlas y volver a verterlo sin que afecte a la calidad.

Bebidas típicas

Madeira posee varias bebidas que no se prueban en ningún otro lugar. La *poncha* (aguardiente de caña de azúcar) es una de las favoritas; la auténtica *poncha* tiene que ser fresca y elaborada solo con aguardiente de caña, azúcar, miel y limón. Pese a los comentarios de los guías turísticos, los madeirenses no la beben para curarse un resfriado. El *aguardente* puro embriaga rápidamente, pero la *ginja*, un licor dulce de cereza de Curral das Freiras que se bebe en una taza de chocolate, es más placentera. La cerveza Coral, producida en el centro de Funchal, es la favorita de la isla, mientras que el ron de Madeira, en su mayor parte fabricado en Porto da Cruz, ha sido declarado Indicación Geográfica Protegida (IGP).

RICHARD WALKER MEDIA/SHUTTERSTOCK ©

Las mejores catas de vino

Blandy's Wine Lodge La mejor experiencia vinícola de la isla con visita guiada y cata en las acogedoras y céntricas instalaciones de Funchal. (foto; p. 54)

Borges Un lugar discreto en las afueras del centro de la ciudad, pero con una aromática sala de degustación y excelentes vinos poco conocidos. (www.hmborges.com)

Pereira D'Oliveira Uno de los mejores lugares para degustar el vino de Madeira, que suelen ser cuatro variedades y se acompañan de *bolo de mel* (pastel de melaza). (p. 54)

Henriques & Henriques La única degustación fuera de Funchal se realiza en esta gran planta de Câmara de Lobos. (p. 118)

Los mejores bares

Barreirinha Cafe Noches deliciosas de caipiriñas al son del Atlántico rompiendo contra las rocas. (p. 84)

Cafe do Museu Local para beber hasta tarde en la bonita Praça do Município. (p. 64)

Mercearia da Poncha Uno de los mejores lugares en la Zona Velha para tomar *poncha* recién hecha. (p. 84)

Madeira Rum House Saborear el auténtico ron de Madeira en la Zona Velha. (p. 84)

Los mejores locales nocturnos

Arsenio's Local nocturno de Funchal famoso por su genial mezcla de carne a la brasa, vino y fado. (p. 84)

Vespas El templo al dios de la noche con más ritmo de Madeira es ideal para echarse unos bailes. (p. 64)

Casino da Madeira Espectáculo, cena y una apuesta rápida a la ruleta. (p. 67)

Cafe do Teatro Los DJ dan vida a las noches de los fines de semana en este antiguo café-teatro. (p. 64)

Copacabana Local con encanto donde despilfarrar lo ganado en el casino contiguo. (p. 64)

Madeira en un vaso de vino

El madeira se bebe poco a poco, normalmente con un *bolo de mel* (pastel de melaza).

Se sirve a temperatura ambiente en copas pequeñas.

★ Las mejores bodegas

Blandy's Wine Lodge (p. 54) Esta bodega, ubicada en un antiguo monasterio franciscano, se visita con guías especializados e incluye catas.

Pereira D'Oliveira (p. 54) Esta céntrica bodega posee botellas de vino de principios del s. XX y se pueden degustar gratis tres tipos de vino.

Henriques & Henriques (p. 118) Cata de vinos elaborados en viñedos locales y criados en barricas gigantes.

Oporto del Atlántico

El madeira es un vino fortificado, madurado en el calor enriquecedor de las aromáticas bodegas de la isla. Un madeira bien envejecido supera a cualquier oporto peninsular. Se impone visitar alguno de los famosos productores de este vino para una degustación gratuita.

Blandy's Wine Lodge (p. 54).

Turismo responsable

Para dejar una huella más limpia, apoyar lo local y tener un impacto positivo en las comunidades locales durante la estancia en Madeira, conviene seguir estos consejos.

Dejar una huella pequeña

- Madeira cuenta con una excelente red de autobuses que llega a todos los rincones de la isla. Se recomienda evitar alquilar un coche y unirse a los residentes en los autocares que desafían la gravedad. Alquilar un coche en Funchal no ayuda, pues aparcar en el centro de la ciudad es muy difícil.

- Todo lo que se sube a las *levadas* se debe volver a bajar. Hay que retornar todos los desperdicios a Funchal, con numerosos puntos de reciclaje. Utilizándolos, se ayuda a la isla.

- Desde julio de 2021, Portugal prohíbe el plástico de un solo uso. Hay que reutilizar bolsas, vasos y botellas de agua siempre que sea posible.

Ser sostenible

La zona hotelera se ha convertido en una jungla de hoteles de cuatro y cinco estrellas, que dejan una enorme huella ecológica. Hay tras opciones que ejercen menos presión sobre los ecosistemas de la isla.

Galomar, de Caniço, es 100% autosuficiente en energía. (p. 108)

Three House, en el centro de Funchal, tiene una política de cero plásticos. (p. 82)

Otras alternativas ecológicas son acampar en Porto Moniz (p. 146) o las cuevas de Calhau da Lapa. (p. 117)

El Hotel Quinta da Serra, cerca de Câmara de Lobos, se esfuerza por ser neutro en carbono, el único hotel de la isla con esta política. (p. 120)

Al recorrer las 'levadas', hay que permanecer en los senderos y no molestar a la fauna local (además, es peligroso alejarse mucho de ellos). (p. 122)

Apoyar la economía local

La etiqueta de **"Producto de Madeira"** y los sellos de autenticidad en el mimbre (foto), el encaje y el vino de Madeira aseguran que realmente se compran

WJAREK/SHUTTERSTOCK ©

productos locales y no imitaciones chinas.

Artesanato da Madeira (p. 68) y Caravel Art Center (p. 86) ceden espacio a productores y artistas locales, cuyos productos constituyen excelentes y genuinos recuerdos.

Conviene comprar en los mercados locales en lugar de en los supermercados de la isla, que pertenecen a cadenas nacionales portuguesas.

Algunas empresas turísticas son más locales y responsables que otras. Madeira Slow Tourism (www.madeiraslowtourism.com) es un ejemplo de agencia que se toma en serio la sostenibilidad. Para los paseos en *levada*, se recomienda elegir excursiones para grupos reducidos.

El cambio climático y los viajes

- **Es imposible ignorar el impacto** de nuestros viajes y la importancia de hacer cambios.
- **Lonely Planet anima a todos los viajeros a involucrarse en su huella de carbono.** Hay muchas calculadoras de carbono en línea que permiten calcular las emisiones generadas por un viaje, como www.resurgence.org/resources/carbon-calculator.html.
- **Muchas webs de líneas aéreas y reservas ofrecen la opción de compensar** el impacto de los gases de efecto invernadero realizando donaciones para iniciativas respetuosas con el clima en todo el mundo. Lonely Planet sigue compensando la huella de carbono de todos los viajes de su personal, a la vez que reconoce que esto es una forma de mitigación más que una solución.

Los cruceristas pueden saltarse el desayuno a bordo y disfrutar de la gastronomía local en alguno de los magníficos cafés de Funchal.

De compras

CL-MEDIEN/SHUTTERSTOCK ©

Más allá de los imanes para la nevera y las camisetas de Ronaldo, "fabricado a mano" y "de cosecha propia" son los términos clave cuando se trata de llevarse a casa artículos de recuerdo. Además del mimbre, el vino y los bordados tradicionales, el abanico de productos artesanales es abundante, desde joyas a azulejos.

Fabricado en Madeira

La etiqueta "fabricado en Madeira" se ve en muchos productos comerciales, pero ¿qué se fabrica en la isla en cuestión de recuerdos? Los dos más evidentes son el vino y los bordados, cuya producción está regulada por el IVBAM (Instituto do Vinho, do Bordado e do Artesanato da Madeira). Otros productos auténticos hechos en la isla son las golosinas y los pasteles (como el *bolo de mel*), la *poncha*, la bisutería, las tallas antiguas de hueso de ballena de Caniçal, el mimbre y la melaza. El corcho no se produce en Madeira, sino en Portugal continental.

Las mejores tiendas

Mercado dos Lavradores El famoso mercado de Funchal, repleto de vistosos productos del jardín del Atlántico. (foto; p. 74)

Livraria Esperança Enorme librería de libros nuevos y de segunda mano; de hecho, es la mayor de Portugal. (p. 67)

Artesanato da Madeira Sala de exposiciones dedicada a todas las artesanías tradicionales de la isla. (p. 68)

Lillie Ceramics Cerámica hecha a mano por dos hermanas finlandesas. (p. 85)

Armazém do Mercado Espacio emergente para productores y artesanos locales; incluye un mercado de productos ecológicos. (p. 86)

Patrício & Gouveia El emporio de los recuerdos más clásico de Funchal vende los mejores artículos tradicionales de la isla. (p. 87)

Bordal Sitio perfecto para comprar bordados tradicionales y ver esta industria artesanal en acción. (p. 87)

Provecto Un tesoro que fabrica zapatos artesanales en el pueblo de Canhas. (p. 121)

Caravel Art Center Galería de arte local, ideal para adquirir un objeto único. (p. 86)

Museos y galerías

Los excelentes museos de Madeira analizan casi todos los aspectos de la vida pasada y presente de la isla, a menudo de forma interactiva. Económicos, bien conservados y con horarios oportunos, estos almacenes del pasado insular se cuentan entre las mejores experiencias a cubierto de toda visita a la isla.

ATGIMAGES/SHUTTERSTOCK ©

Quinta das Cruzes Permite ver cómo vivía la gente rica en la Funchal de antaño. (p. 42)

Museu da Baleia Está en Caniçal y quizá sea el mejor museo del mundo sobre la ballena. (p. 102)

Museu Etnográfico da Madeira Imprescindible para los interesados en la vida tradicional de la isla. (p. 117)

Museu CR7 Un museo único, en Funchal, dedicado al vecino de la isla más famoso de todos los tiempos, el futbolista Cristiano Ronaldo. (foto; p. 56)

Casa-Museu Frederico de Freitas Esta mansión de Funchal es un paraíso para cualquier coleccionista. (p. 57)

Museu de Arte Sacra La principal colección de arte de Madeira, con piezas de toda la isla. (p. 46)

Museu Photographia Vicentes El pasado de Madeira a través de la lente de una cámara. (p. 55)

Nun's House Una nueva atracción de Curral das Freiras que repasa la vida tradicional en la montaña. (p. 131)

Consejos para visitar museos

- La mayoría de los museos cierra al menos un día a la semana, en general, domingo o lunes.
- Madeira no ofrece entradas con descuento para turistas, aunque la mayoría de los museos no son caros (3 € aprox.).
- Algunos museos, aunque no todos, cierran para el almuerzo; conviene comprobar los horarios.

Circuitos

En cada esquina de Funchal hay una agencia que ofrece circuitos guiados: avistamiento de ballenas, rutas por levadas, *kayak, buceo, excursiones a pie y mucho más. Los precios son razonables. Conviene saber que, con un poco de planificación, las rutas por* levadas *(foto) se pueden hacer fácilmente sin necesidad de un guía. En otras rutas, como la del Pico do Arieiro al Pico Ruivo, se aconseja contratar uno.*

ERI BREEZE/SHUTTERSTOCK ©

Historia y circuitos urbanos

History Tellers (www.madeiranheritage.pt) Visitas a los lugares más emblemáticos de Funchal a cargo de estudiantes locales. (p. 55)

Madeiran Heritage (www.madeiranheritage.pt) Estudiantes voluntarios llevan a los visitantes a los rincones más inusuales y menos trillados de Funchal. (p. 55)

Food on Foot (www.madeirafoodonfoot.com) Explorar Funchal, tenedor y copa en mano. (p. 57)

Tukxi (www.tukxi.pt) Circuitos guiados en *tuk-tuk* en compañía de conductores muy informados. (p. 60)

Las 'levadas' y el mar

Madeira Explorers (www.madeira-levada-walks.com) Negocio profesional que ofrece una amplia gama de rutas por *levadas* y otras caminatas. (p. 59)

Madeira Radical (www.madeiraradical.com) Circuitos en kayak por la reserva marina de Garajau. (p. 59)

Rota dos Cetáceos (www.rota-dos-cetaceos.pt) Los mejores circuitos para ver fauna marina en Madeira. (p. 55)

Ventura (www.venturadomar.com) Excursiones en yate a otras islas del archipiélago. (p. 58)

Para niños

ALDORADO/SHUTTERSTOCK ©

Pese a su imagen un poco anticuada como destino para gente mayor, Madeira es uno de los sitios de Europa donde más se disfrutará con niños, sobre todo durante el invierno. ¿Qué niño se resistiría a las playas de arena negra, las incontables zonas de juego, el sol y los cafés repletos de dulces?

Simpáticos lugareños

Los pequeños son más que bienvenidos en todas partes y se les tiene en cuenta por donde quiera que vayan. Los conductores de autobuses raras veces les cobran y en los restaurantes casi siempre sirven algo más si hay niños.

Los mejores museos

Museu da Baleia Proyecciones en 3D, inmensas ballenas suspendidas y una simulación de viaje en submarino. (foto; p. 102)

Casa da Luz-Museu de Electricidade Emocionantes experimentos interactivos. (p. 79)

Museu CR7 Visita obligada para todos los aficionados al fútbol. (p. 56)

Museu do Brinquedo Juguetes de antaño. (p. 80)

Las mejores experiencias con animales

Aquário da Madeira Permite nadar junto a un tiburón sin peligro. (p. 95)

Granja de truchas de Ribeiro Frio Combina dos cosas: agua en movimiento y criaturas vivas. (p. 138)

Las actividades más emocionantes

Grutas e Centro do Vulcanismo Para descender al centro ígneo de la Tierra al estilo de Julio Verne. (p. 95)

Aeropuerto internacional Cristiano Ronaldo Para observar los aviones y las complejas maniobras de los pilotos al aterrizar. (p. 108)

Parque Temático da Madeira Toneladas de diversión remando en barcas, trepando por la zona de juegos y perdiéndose en el laberinto. (p. 96)

Carros de cesto de Monte Un frenético descenso en el vehículo más peculiar que se pueda imaginar. (p. 89)

Fiestas y celebraciones

Fado en directo, teatro, acontecimientos deportivos internacionales, festejos, eventos culinarios y todo tipo de conciertos forman parte del denso calendario de Funchal, que abarca casi todos los días del año. Si bien es en la capital donde más se disfruta de estas actividades de ocio, vale la pena comprobar lo que acontece en otras comunidades menores de la isla.

WJAREK/SHUTTERSTOCK ©

Carnaval (40 días antes de Pascua) Al estilo de Río, es uno de los mejores carnavales del mundo y la mayor fiesta del calendario. Sin duda, el momento más colorido para visitar Funchal, aunque en otras zonas de la isla hay también celebraciones.

Festa da Flor (fin abr) Un espléndido festival con desfiles y carrozas cubiertas de flores que atraviesan Funchal.

Festa de Nossa Senhora do Monte (15 ago) En la mayor fiesta religiosa de Madeira los peregrinos acuden en masa a Monte.

Festival do Atlântico (22.30 sa jun) Fascinante espectáculo de fuegos artificiales en Funchal que ostenta un récord mundial.

Fim do Ano (31 dic) Los barcos abarrotan el puerto para ver el espectáculo de fuegos artificiales que cubre todo el cielo citadino en una de las celebraciones más formidables del año, y también del planeta.

Maratón de Funchal (www.madeiramarathon.com; ene) Madeira es uno de los mejores lugares para entrenarse y correr (especialmente *trail running*) durante el invierno europeo; la isla acoge numerosas competiciones propias, incluido un maratón.

Noite do Mercado (23 dic) Mercadillo navideño en el Mercado dos Lavradores y calles colindantes.

Festivales de comida Casi todos los pueblos realizan ferias en torno a determinados cultivos locales.

Playas y zonas de baño

Se suele decir que no hay playas en la isla, pero Madeira tiene pequeñas franjas naturales de arena negra volcánica, playas artificiales con arena llevada desde África y piscinas formadas entre rocas con plataformas de hormigón para tomar el sol. Hay también playas de piedra pómez donde ver la puesta de sol sobre el Atlántico.

DENNIS GROSS/SHUTTERSTOCK ©

Playas naturales

Praia Formosa Al oeste de Funchal y de la zona hotelera, esta playa de guijarros y arena negra es la más grande de la isla. (foto; p. 51)

Praia de Seixal Una espectacular playa natural frente a los acantilados de la costa norte, con arena de un negro intenso y todos los servicios necesarios. (p. 95)

Praia de Porto Santo Playa exquisita de arena dorada que se extiende a lo largo de la costa sur de la pequeña isla de Porto Santo. (p. 140)

Prainha Esta diminuta playa, la mejor de Madeira, tiene arena negra y un sencillo café. (p. 107)

Playas artificiales

Praia de Machico Playa de arena dorada en Machico, pequeña y bien protegida. (p. 107)

Praia de Calheta Dos playas de arena importada junto al paseo marítimo de Calheta. (p. 118)

Piscinas naturales y zonas de baño

Piscinas de roca de Porto Moniz Pozas naturales de roca con agua del Atlántico, en el noroeste de la isla. (p. 95)

Lido La principal zona de baño artificial de Funchal, en la zona hotelera. (p. 51)

Pueblos

Al margen de Funchal y Machico, el resto de las localidades son pequeños pueblos que por lo general se distribuyen en torno a una vieja iglesia. Se puede pasear por las estrechas callejuelas de estos plácidos y pintorescos lugares, descubriendo pequeños cafés y tiendas, explorando capillas y observando a los vecinos en sus quehaceres diarios.

HBPRO/SHUTTERSTOCK ©

Ponta do Sol El lugar más soleado de la isla y una hermosa parada en el camino entre Calheta y Funchal. (foto; p. 119)

Porto da Cruz Bajo el peñón de Penha d'Aguia, el bonito Porto da Cruz cuenta con una destilería de ron y restaurantes con magníficas vistas. (p. 95)

Serra de Água Pueblo del valle, poco visitado, en la carretera entre Ribeira Brava y São Vicente. (p. 138)

Madalena do Mar Pueblo recóndito y tranquilo, con una playa de roca volcánica. (p. 119)

Paúl do Mar Las bonitas callejuelas de este pueblo surfero emanan una personalidad única. (p. 117)

Ribeiro Frio En lo alto de las montañas y con ambiente fresco, es el punto de partida para fantásticas excursiones. (p. 138)

São Vicente Este pueblo amplio en la costa norte cuenta con una de las principales atracciones de Madeira, las Grutas e Centro do Vulcanismo, además de una bonita plaza, una iglesia preciosa de basalto con muros encalados y una playa de rocas bordeada de cafés y restaurantes. (p. 95)

Parques y jardines

CRISTIAN MIRCEA BALATE/SHUTTERSTOCK ©

Los abundantes jardines se cuentan entre los principales puntos de interés de Madeira: oasis subtropicales repletos de flora (y ocasionalmente fauna) que sorprenden continuamente con sus colores, sea cual sea la temporada. Solo en un par de ellos se cobra entrada.

El hábitat ideal

Los jardines se caracterizan por albergar una mezcla de árboles, arbustos y plantas procedentes de Europa, Sudáfrica y Sudamérica; el calor y la abundante humedad son perfectos para que broten y florezcan durante todo el año. En el s. XIX, los británicos aficionados a la botánica apreciaron este hecho y crearon muchos de los espléndidos espacios verdes que salpican Funchal. En las librerías, abundan las guías de especies, que seguramente se necesitarán para identificar algunas de las que crecen aquí.

Los mejores parques

Jardim Municipal Parque tropical exuberante y verde en el centro de Funchal. (p. 58)

Jardim de Santa Luzia Espacio verde poco visitado en el centro, con una magnífica zona de juegos para niños. (p. 58)

Parque de Santa Catarina Laderas de césped llenas de gente haciendo pícnic y disfrutando de las vistas del puerto. (p. 59)

Los mejores jardines

Jardins Botânicos da Madeira El rey de los espacios verdes de Madeira y uno de los mejores jardines botánicos del mundo, en la parte alta de Funchal. (foto; p. 76)

Jardins do Palheiro Uno de los jardines más exquisitos de la isla, en las afueras de Funchal. (p. 79)

Quinta Vigia Los jardines que rodean la residencia del presidente son posiblemente los más bellos del centro de la ciudad. (p. 55)

Otra cara de Madeira

Madeira, declarada año tras año la mejor isla de vacaciones del planeta, es mucho más que Funchal y las levadas. *Los festivales gastronómicos que celebran los productos locales de la isla y las hermosas playas son algunos de los desconocidos reclamos de los que presume este trozo de roca volcánica en el Atlántico.*

LEONID SOROKIN/SHUTTERSTOCK ©

Calhau da Lapa

Este remoto rincón junto a una playa rocosa (p. 117), al que solo se llega a pie desde Campanário, entre Câmara de Lobos y Ribeira Brava, es un auténtico paraíso atlántico que solo conocen los isleños. No hay más que acantilados elevados, una playa de grava volcánica y muchas cuevas, en algunas de las cuales es posible alojarse.

Fiesta de la Lapa

Pese a lo que aparece en muchos menús de la isla, el único marisco autóctono de Madeira es la humilde lapa. A mediados de julio se celebra en Paúl do Mar, pueblo de la costa sur, un festival dedicado a esta especialidad típica de Madeira, que se saborea con un generoso chorrito de zumo de limón local.

Playas de la costa norte

Aunque el tiempo en la costa norte es más de jerséis de lana que de bikinis, cuando brilla el sol las playas de Seixal (foto) y Faial parecen de otro mundo y reciben muchos menos visitantes que las de la costa sur.

La mejor isla del mundo

Ni siquiera los visitantes que ya conocen Madeira saben que la isla ha sido declarada ocho veces consecutivas (la última en 2022) mejor destino insular del mundo en los World Travel Awards. Todo un logro para un lugar que hace tan solo unas décadas era un remanso de pobreza.

Gratis

Hace solo dos décadas, Madeira se percibía como un destino caro, pero curiosamente aquí los euros pueden estirarse bastante. Las tarifas de los autobuses y las comidas en los cafés son solo dos de los gastos usuales que sorprenderán por lo barato. Y, además, ¡hay un montón de cosas que no cuestan ni un céntimo!

ROMAN PLESKY/SHUTTERSTOCK ©

Cero euros

En la isla no hay playas de pago, y los sitios donde hay arena natural o artificial son gratis. Ninguna iglesia cobra entrada, no hay taquillas al inicio de los caminos de *levada* y muchos jardines y parques cuestan cero euros. Catar vinos tampoco cuesta nada: a menudo las bodegas ofrecen al menos dos copas sin cobrar. Las mejores cosas de la vida suelen ser gratis, lo cual es cierto con relación al calendario de fiestas de la isla. A no ser que se busque un asiento VIP, el carnaval de Funchal, uno de los mayores espectáculos de Europa, es gratis para todos.

Lo mejor gratis

Sé No hay que pagar entrada. (p. 44)

Praia Formosa No hace falta llevarse la cartera para disfrutar de esta playa salvaje del Atlántico. (p. 51)

Cabo Girão Quizá sean ellos quienes tengan que pagarle a cierta gente para asomarse al mirador de vidrio colgado a 580 m. (foto; p. 117)

Mercado dos Lavradores Uno de los principales puntos de interés de Madeira; es gratis si no se compra nada. (p. 74)

Aeropuerto internacional Cristiano Ronaldo Permite ver los aviones procedentes de toda Europa bajando sobre Madeira sin coste alguno. (p. 108)

Jardim Panorâmico Unos jardines bonitos y soleados en la zona hotelera, sin entrada. (p. 51)

Casas triangulares de Santana Entrar y salir de las moradas tradicionales de Santana también es gratis. (p. 96)

Piscinas de roca de Porto Moniz Bañarse en las refrescantes piscinas de roca que rodean el restaurante Cachelote de Porto Moniz es gratis. (p. 95)

Nun's House Esta atracción sobre la vida local de Curral das Freiras no cuesta nada. (p. 131)

Cuatro días perfectos

Día 1

DALIU/SHUTTERSTOCK ©

Se empieza por la **Madeira Film Experience** (p. 55), que ofrece una visión general de la historia de la isla; luego se visita la catedral de Madeira, la **Sé** (p. 44), y se para en el **Museo de Quinta das Cruzes** (p. 42), la mansión mejor conservada de la isla.

Después de comer, se aconseja dar un paseo por la **Zona Velha** (p. 72) hasta la parada del teleférico, desde donde se sube al arbolado barrio de Monte (foto; p. 88), oculto 500 m arriba. Tras visitar la **Igreja da Nossa Senhora** (p. 89), se regresa a la ciudad a bordo de un **carro de cesto** (p. 89).

Al caer la tarde, conviene pasear por Frente Mar hasta **Praia Formosa** (p. 27) para ver el sensacional atardecer en el Atlántico.

Día 2

AMNAT30/SHUTTERSTOCK ©

Se toma el autobús nº 31 para llegar a los espléndidos **Jardins Botânicos da Madeira** (p. 76). La cafetería es genial para almorzar con vistas a Funchal y la bahía.

Tras la comida hay que bajar a Praça do Município, la más bonita de Funchal, donde se puede admirar arte flamenco en el **Museu de Arte Sacra** (p. 46). Cerca esperan las piezas de arte más extravagantes de la **Casa-Museu Frederico de Freitas** (foto; p. 57).

Se cena en la **Zona Velha** (p. 72). En Galeria se sirve auténtica cocina isleña al estilo de Funchal (p. 82). Para comer marisco, está el **Gavião Novo** (p. 81). Tras la cena, unos cócteles en el **Barreirinha Cafe** (p. 84).

Día 3

SEBASTIANO PHOTOGRAPHY/SHUTTERSTOCK ©

Hay que llegar temprano al **Mercado dos Lavradores** (foto; p. 74) para ver la lonja de pescado. Tras contemplar las capturas de sable negro quizá se necesite un café en el cercano **Pau de Canela** (p. 82), un local realmente barato.

Después, hay que dirigirse al pueblo pesquero de Câmara de Lobos, al oeste de Funchal, donde trabajan los pescadores locales. Con el tren o el autobús turístico se llega a **Cabo Girão** (p. 117), un acantilado de 580 m con un mirador de cristal sobre el océano.

Se puede cenar y ver la puesta de sol en Câmara de Lobos. **Vila do Peixe** (p. 120) ofrece pescado a la parrilla y **Vila da Carne** (p. 120) es ideal para saborear *espetada*.

Día 4

FOTO MATEVZ LAVRIC/SHUTTERSTOCK ©

Es momento de alquilar un coche y explorar la naturaleza. Se madruga para ver el amanecer desde la cima del **Pico do Arieiro** (foto; p. 137), la tercera montaña más alta de Madeira. A poca distancia, está el helado **Ribeiro Frio** (p. 138), con el mirador **Balcões** (p. 137).

Tras comer en el **Restaurante Ribeiro Frio** (p. 139), se desciende a la costa norte y se hace un alto en Santana para visitar sus **casas triangulares** (p. 96). Unos kilómetros al oeste están São Vicente y las **Grutas e Centro do Vulcanismo** (p. 95).

Para acabar, se atraviesa el descomunal valle que divide la isla en dos hasta llegar a la bonita localidad de Ribeira Brava, donde se cena con vistas al mar en **Muralha** (p. 120).

Lo esencial

Para más información, véase 'Guía práctica' (p. 145)

Moneda
Euro (€)

Idioma
Portugués, inglés

Visado
No es necesario para los nacionales de la mayoría de los países.

Dinero
Hay muchos cajeros. Se aceptan tarjetas de crédito en casi todos los negocios.

Teléfono móvil
Las tarjetas SIM locales sirven para teléfonos europeos. En los teléfonos con tarjetas no portuguesas se aplican las tarifas de la UE.

Hora local
Hora de Europa Occidental (GMT/UTC)

Propinas
Rara vez se esperan propinas, aunque los restaurantes siempre lo agradecen.

Presupuesto diario

Económico: menos de 50 €

Cama en albergue: 15-25 €

Supermercados y mercados asequibles

Los autobuses son baratos

Medio: 50-150 €

Habitación doble: 100 € aprox.

Cena de dos platos con copa de vino: 30 €

Senderismo/circuitos de un día: 25-35 €/persona

Alto: más de 150 €

Habitación doble de lujo: desde 200 €

Cena gourmet de tres platos: desde 80 €

Traslados y circuitos privados

Webs

Visit Madeira (www.visitmadeira.pt) Sitio web oficial de la oficina de turismo.

Madeira Web (www.madeira-web.com) Información sobre cultura, turismo y eventos.

A-Z Madeira (www.madeira-a-z.com) Información general en inglés.

Madeira Cultura (https://cultura.madeira.gov.pt/) Museos y cultura de Madeira.

Cómo llegar

La gran mayoría de los visitantes llega a los siguientes puntos de entrada.

Aeropuerto internacional Cristiano Ronaldo

Está a 19 km del centro de Funchal. Se tarda unos 25 min en coche, 40 min en autobús.

Autobús SAM (www.sam.pt) gestiona lanzaderas Aerobus (ida/ida y vuelta 5/8 €, de 2.45 a 20.15) cada hora entre el aeropuerto y Praia Formosa, por el centro de Funchal y la zona hotelera.

Coche Madeira Airport Transfers (www.madeira-airport-transfers.com) ofrece traslados al aeropuerto de Madeira; se reserva en línea.

Terminal de cruceros

Se puede ir a pie hasta el centro o tomar un taxi (es una carrera corta).

Cómo desplazarse

Autobús

Para usar los servicios de Horários do Funchal se necesita una tarjeta Giro, que se recarga en efectivo en terminales especiales. Los billetes para otros destinos se compran al conductor; y los de Rodoeste, en taquillas especiales del paseo marítimo de Funchal.

Teleférico

Funchal tiene dos servicios de teleférico, uno desde la Zona Velha hasta Monte y otro desde Monte hasta los Jardins Botânicos.

Barco

El único ferri regular va de Funchal a Porto Santo.

Avión

El único servicio interno en el archipiélago de Madeira viaja entre Madeira y Porto Santo.

ALBERTO LOYO/SHUTTERSTOCK ©

Zonas de Madeira

Montañas del interior (p. 129)
Las montañas de Madeira, con frondosos valles y serpenteantes *levadas*, se alzan casi verticalmente desde el Atlántico.

Costa norte (p. 93)
En el escabroso norte, las olas furiosas del Atlántico rompen contra los altos acantilados; sus acogedores pueblos ofrecen fascinantes atracciones.

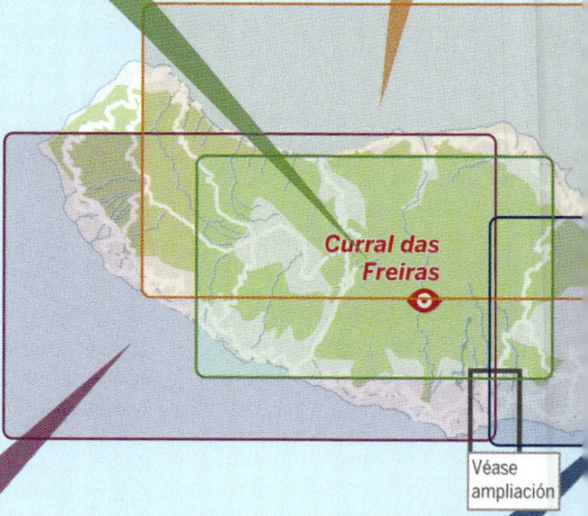

Oeste de Madeira (p. 115)
Una región de plátanos maduros, altos acantilados, pueblos costeros y viñedos que miran al sur.

Este de Madeira (p. 101)
Los aviones sobrevuelan bajo las playas de esta zona densamente poblada, que fue el centro de la industria ballenera de Madeira.

Porto Santo
Monte
Oeste de Funchal (p. 41)
Cuenta con algunos de los mejores museos de la isla, un animado ambiente, una vibrante escena gastronómica y los mejores hoteles de la isla.
Jardins Botânicos da Madeira
Museu da Baleia
Quinta das Cruzes
Mercado dos Lavradores
Museu de Arte Sacra
Sé
Zona Velha
Este de Funchal (p. 71)
La mitad oriental de la ciudad se centra en la animada Zona Velha y el mercado principal, ambos de visita obligada.

Explorar Madeira

Merece la pena

Circuitos a pie

Circuitos en automóvil

Del Pico do Arieiro al Pico Ruivo (p. 132).

Explorar

Oeste de Funchal

Las viejas calles, los amplios bulevares del s. XX y las preciosas plazas del oeste de Funchal son escenario de algunas de las experiencias más destacadas de Madeira, las mejores tiendas y los museos más interesantes. Esta es también la zona más ajetreada y vibrante, con autobuses amarillos, cafés con mesas en la calle y compradores de otros pueblos de la isla que llenan las calles de la mañana a la noche.

Lo esencial

- ***Quinta das Cruzes (p. 42)*** *La mansión señorial mejor conservada de Funchal, repleta de antigüedades.*
- ***Museu de Arte Sacra (p. 46)*** *La mejor colección de arte de Madeira, adquirida con las ganancias del comercio del azúcar.*
- ***Sé (p. 44)*** *La principal iglesia de Madeira y una de las más célebres del mundo.*
- ***Blandy's Wine Lodge (p. 54)*** *Todo sobre el vino de Madeira y una cata como colofón.*
- ***Casino da Madeira (p. 67)*** *Para derrochar unos euros o deleitarse con una cena-espectáculo en el mejor local nocturno de la isla.*

Cómo llegar y desplazarse

La gran mayoría de los visitantes recorre a pie el oeste de Funchal.

A Frente Mar y São Martinho llegan los autobuses nº 01, 02 y 04. El resto para en el paseo marítimo.

Plano de la zona en p. 52.

Vista de la zona oeste de Funchal.
T.W. VAN URK/SHUTTERSTOCK ©

Las mejores experiencias

Descubrir cómo vivían los comerciantes ricos en Quinta das Cruzes

La Quinta das Cruzes es un ejemplo perfecto de antigua casa señorial de Madeira, con jardín y capilla privada. Fue la casa de João Gonçalves Zarco, descubridor de Madeira para la Corona portuguesa. La rica familia Lomelinos la reformó en el s. XVIII para convertirla en una casa a la moda de la época. Las exposiciones analizan la vida de las clases pudientes de Madeira de los ss. XV-XIX.

PLANO P. 52, E2

https://mqc.madeira.gov.pt/en

Jardín

Ofrece un paseo agradable antes o después de visitar el museo y un ejemplo típicamente exótico de los jardines de la aristocracia de finales del s. XIX. Es un oasis romántico y tranquilo de árboles maduros, senderos formados por guijarros, bancos antiguos y parterres de plantas subtropicales, muchas de ellas etiquetadas. En el lado sur hay una pequeña capilla, normalmente cerrada al público.

Planta alta

Las 11 estancias de la planta alta acogen el grueso de la colección. Están llenas de mobiliario, cerámica, tapicería, grabados, óleos y joyas de Europa y más allá, que dan una idea de lo prósperos que llegaron a ser los comerciantes de Madeira en los ss. XVIII y XIX. Destacan los óleos decimonónicos con paisajes de la isla, la colección glíptica (parte de época romana), una habitación típica de una *quinta* de Madeira y una fascinante sección dedicada al emperador Carlos I de Austria (p. 90), donde puede verse su preciado reloj Breguet.

Planta baja

Abajo, todo es algo más basto, con grandes piezas de madera y plata sin labrar en vez de los esculturales muebles Chippendale y los delicados abanicos de la planta alta. Las estrellas son las *caixas de açucar,* robustos armarios hechos con la dura madera brasileña en la que empacaban el azúcar que se importaba a Madeira, preciosos ejemplos de reciclaje del s. XVI. Destacan también artículos de las remotas colonias asiáticas de Portugal, una colección de sillas de manos (el cómodo medio de transporte para una isla sin carreteras) y una gran colección de objetos de plata.

★ Consejos

- El jardín sigue abierto cuando el museo cierra para el almuerzo.
- Los bolsos y las mochilas deben dejarse en las consignas de la taquilla.
- Tras la taquilla está el parque arqueológico, una colección de restos de edificios que antaño se alzaron en las calles de Funchal.

Una pausa

El café más bonito de la zona es la **Casa de Chá,** en las propiedades del Universo de Memórias, frente al museo.

El acristalado **Bistro Quinta das Cruzes,** dentro del recinto, es práctico para aplacar el hambre tras la visita.

Las mejores experiencias

Admirar los techos tallados de la Sé

El principal lugar de culto de Madeira, uno de los mayores atractivos de Funchal, se encuentra en medio de la urbe: su torre domina el horizonte desde principios del s. XVI. Pese a sus proporciones modestas, fue la catedral que supervisó la mayor diócesis jamás creada, que abarcaba todos los territorios de Portugal en ultramar.

PLANO P. 52, G3

www.catedraldofunchal.com

Interior

Al entrar desde el exterior soleado y luminoso, a los ojos les cuesta unos minutos adaptarse al interior en penumbra del principal templo de Madeira. Al alzar la mirada se ven los techos de alfarje con intrincados grabados, los más elaborados de la isla, hechos con madera de cedro de Madeira incrustada de conchas, cuerda y arcilla blanca para lograr su magnífico efecto. También destaca el altar principal, encargado por el rey Manuel I y construido entre 1512 y 1517. Se renovó por completo en el 2014. Los 12 paneles góticos representan la vida de la Virgen y la Pasión de Cristo. También cabe destacar la capilla lateral (la segunda a la derecha), que desde el 2022 alberga una reliquia del beato Carlos I de Austria, cuyo retrato se alza a un lado.

Influencia del rey Manuel

El rey Manuel I no escatimó gastos con la Sé y colmó su iglesia favorita de regalos preciosos. La pila bautismal (a la izquierda de la entrada), el púlpito y la cruz procesional (expuesta en el Museu de Arte Sacra) fueron regalos del monarca. Algo poco usual en Madeira es la placa conmemorativa en el suelo de la nave norte. Para constatar los viejos lazos comerciales de la isla con Flandes (donde estas placas son comunes), representa a Pedro de Brito Oliveira Pestana, rico mercader del s. XVI, y a su esposa.

Exterior

En el lado sur hay unos curiosos pináculos rizados, un rasgo arquitectónico del efímero estilo manuelino (1490-1520). La torre del reloj de la Sé domina el horizonte de Funchal desde hace cinco siglos, pero no se puede subir.

★ Consejos

- No se permiten visitas turísticas durante el servicio de los domingos por la mañana (11.00-12.00).
- No hay que planificar la visita para una tarde del fin de semana, pues está cerrado.
- Se pueden hacer fotos en todo el edificio.
- Muchos lugareños acuden a rezar; hay que guardar el debido respeto.

Una pausa

El Penha D'Águia (p. 65), uno de los mejores cafés de Funchal, no queda lejos de la torre de la Sé.

Entre la Sé y el paseo marítimo, Rua Dr José de Almeida está repleta de restaurantes y cafés turísticos.

Las mejores experiencias

Contemplar las obras de los maestros flamencos en el Museu de Arte Sacra

La principal colección de arte de Madeira se encuentra en el antiguo palacio obispal, del s. XVI. Adquirida con las ganancias del comercio del azúcar, la colección incluye piezas invaluables de arte flamenco encargadas por mercaderes y terratenientes de la isla para sus quintas. *En la década de 1950, se decidió reunir todo el arte religioso en un mismo sitio para su custodia.*

PLANO P. 52, G3

www.museuartesacrafunchal.org

Plata sacra

Las primeras salas albergan la colección de plata del museo, con iluminación tenue y miles de piezas grandes y pequeñas. Hay crucifijos de plata maciza, custodias, enormes platos y teteras que proceden de toda la isla, pero sobre todo de la Sé, señal de la riqueza administrada por la diócesis más grande del mundo (que incluía todos los territorios portugueses de ultramar), incluidos Brasil y Angola. Destaca la cruz procesional de plata de la Sé, de estilo gótico tardío, una pieza magnífica de artesanía del s. XVI encargada por el rey Manuel I.

Del siglo XVI al Barroco

La sección media del museo es una sucesión de óleos religiosos de los ss. XVI y XVII, estatuas mutiladas y esculturas barrocas que adornaban *quintas* e iglesias de Madeira, aunque en realidad mucho de lo expuesto perteneció al antaño rico convento de Santa Clara. Destacan la escultura a tamaño casi natural de *La última cena*, en la que se ve a Judas con su bolsa de monedas, y la increíblemente bien conservada estatua de Isabel, reina consorte de Portugal y primogénita de los Reyes Católicos, del s. XVII.

Maestros flamencos

Lo mejor queda para el final, la estrella innegable de la colección: las cuatro salas de maestros flamencos de la primera planta. La *Ascensión de la Virgen*, el *Tríptico de la Encarnación* y el *Tríptico de san Pedro, san Pablo y san Andrés* de Joos Van Cleve dominan una sala, mientras que la *Santa María Magdalena* de Jan Provoost, procedente de la iglesia de Madalena do Mar, y la *Natividad*, obra del maestro anónimo conocido con el nombre de Maestro del Tríptico Morrison, destacan en la otra. Pieter Coeck van Aalst está representado con su impresionante *Calvario*, donde Cristo se eleva sobre una multitud afligida.

★ Consejos

- No está permitido hacer fotos ni vídeos en el museo.
- El acceso está en Praça do Município, quizá la más atractiva de Funchal.
- De espaldas al museo, a la derecha, queda el ayuntamiento de Funchal, con un patio exquisito bordeado por azulejos y una fuente en medio.
- Junto al museo se encuentra la pequeña Capela de São Luís de Franca, del s. XVII (ma-vi, 14.30-18.00).

✕ Una pausa

El café do Museu (p. 64) está en el mismo edificio y es ideal para tomar un café o almorzar.

O Leque tiene mesas en la preciosa Praça do Município, donde sirven comida y bebida baratas.

Circuito a pie

Explorar São Martinho

Esta ruta cuesta abajo sale de un mirador, pasa por los barrios periféricos del oeste y termina en uno de los hoteles más exquisitos de la isla. De camino, se disfrutará de jardines tropicales, villas señoriales y vistas alucinantes. En esta zona vive alrededor de una cuarta parte de los vecinos de Funchal, y los barrios alternan lujosas residencias con edificios de protección oficial, como la parte de Nazaré.

Datos

Inicio Pico dos Barcelos

Final Reid's Hotel

Distancia 4,6 km; 2 h

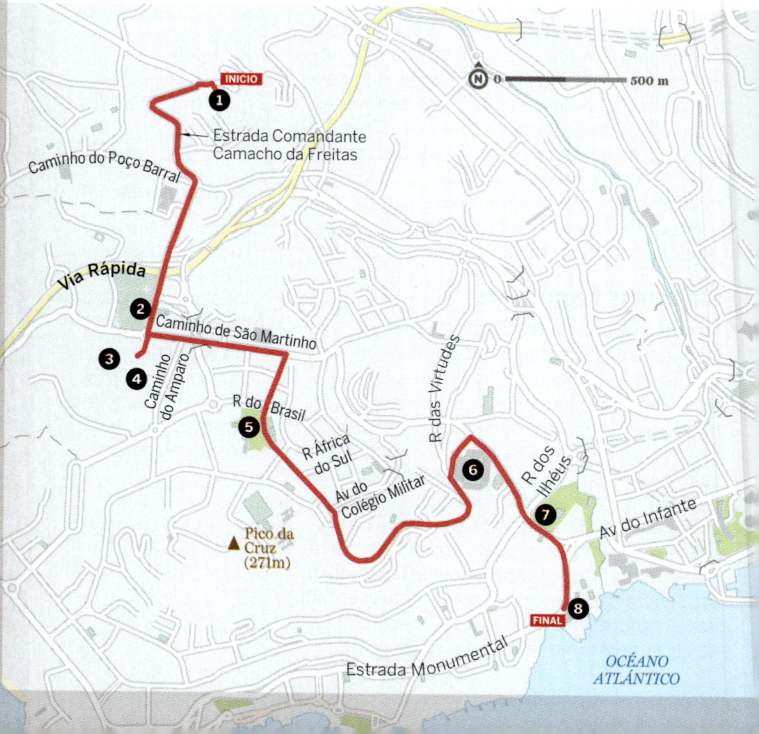

❶ Pico dos Barcelos

Los autobuses nº 9, 12 o 48 llegan al *miradouro* (mirador) del Pico dos Barcelos, situado a 355 m sobre el nivel del mar. La vista abarca todo Funchal y en los alrededores hay un par de cafés y parques infantiles.

❷ Cemitério de São Martinho

Está muy apartado de las rutas turísticas, por lo que su visita resulta aún más fascinante. Fue el lugar de enterramiento de los ricos de Funchal; sus restos se colocaban en *jazigos* familiares: sepulcros en forma de pequeñas garitas ornamentadas, de estilo funcional o *art nouveau.*

❸ Igreja de São Martinho

Recortado contra el cielo de Funchal se alza el níveo chapitel de la gran Igreja de São Martinho, de principios del s. XX. El interior tiene una profusa decoración neoclásica y la zona ofrece dilatadas vistas.

❹ Jardim de São Martinho

Bajo la iglesia se descubre el encantador Jardim de São Martinho, un conjunto de jardines encarado al sur, con miles de plantas exóticas que bajan en bancales por una pendiente.

❺ Mata da Nazaré

Fue en su día una olvidada zona verde de Funchal, con abundantes palmeras y amplias franjas de césped. Sin embargo, en el 2022 se iniciaron las obras para transformar el parque en una zona de ocio del s. XXI. Aquí hay un monumento a los isleños que murieron luchando en las colonias portuguesas entre 1950 y 1974.

❻ Estádio dos Barreiros

Bajando por Rua dos Estados Unidos da América se llega al Estádio dos Barreiros, sede del equipo de fútbol de Primera División, el Marítimo. Los partidos suelen ser los domingos por la tarde y el ambiente, animado por tambores de samba y altavoces, es impresionante.

❼ Jardines de la Quinta Magnólia

Esta antigua propiedad de una familia de comerciantes británicos es muy agradable para pasear y hacer pícnic. En el 2019, el recinto, incluidas las numerosas instalaciones deportivas, fue objeto de una importante y necesaria renovación.

❽ Reid's Hotel

Fue el primer hotel de Funchal. Aquí se alojaron, entre otros personajes ilustres, Churchill, Gregory Peck y varias testas coronadas. Aún atrae a una *troupe* elegante con su formal té de la tarde en la **terraza** (p. 63) y sus suntuosas habitaciones con vistas a la bahía.

Circuito a pie

Paseo por Frente Mar

Este camino soleado recorre el paseo frente a la zona hotelera de Funchal y es perfecto para una relajada caminata. Las cuestas, orientadas al sur, están cubiertas de flora tropical y subtropical, con lagartos correteando entre las rocas y afanosas abejas. La gran cantidad de cafés, restaurantes, playas y miradores son la excusa perfecta para demorar el final del paseo.

Datos

Inicio Lido

Final Praia Formosa

Distancia 3,5 km; 2 h

❶ Lido

Este popular complejo cuenta con una gran piscina, piscinas para niños, zonas para tomar el sol y tumbonas, aunque el acceso al mar es limitado. Cerca hay un césped enorme rodeado de palmeras donde se disputan improvisados partidos de fútbol.

❷ Ilhéu do Lido

Al oeste del complejo del Lido, una alta torre de roca sobresale de la costa: es la pintoresca Ilhéu do Lido, frente a la cual hay un espacio para tomar el sol y una playa de piedras, frecuentada por lugareños, grupos de yoga y turistas por igual.

❸ Jardim Panorâmico

Subiendo por una escalera desde el paseo marítimo, está el Jardim Panorâmico dispuesto en bancales e ideal para tomar el sol y pasar una tarde ociosa con un libro. Es magnífico para ir con niños; hay karts, parque infantil, minigolf y cafés cerca.

❹ Clube Naval do Funchal

Una enorme masa de buganvillas moradas anuncia la llegada al Clube Naval do Funchal (www.clubenavaldofunchal.com), un complejo de ocio con restaurante, piscina infantil, instalaciones deportivas, piscina de agua salada, zona de juegos y centro de submarinismo.

❺ Complexo Balnear Ponta Gorda

Para nadar en Ponta Gorda, el recientemente renovado Complexo Balnear Ponta Gorda se llena de lugareños; las piscinas, el café-bar, la zona de pimpón y la playa de cemento permanecen abiertos todo el invierno.

❻ Ponta da Cruz

Un bronce verdoso de João Gonçalves Zarco mira al cabo Girão desde Ponta da Cruz, un enorme trozo de roca que sobresale en el Atlántico. El autobús nº 02 va desde aquí hasta el Lido; otra opción es bajar las escaleras que hay pasada la estatua.

❼ Doca do Cavacas

En este restaurante, que sobresale en la roca volcánica como un crucero surcando el mar, solo sirven platos de mariscos capturados en la zona. El comedor semicircular acristalado ofrece vistas panorámicas del Atlántico.

❽ Praia Formosa

Desde Doca do Cavacas, un túnel (9.00-18.00) perfora la roca hasta la playa más grande de Madeira, la maravillosa Praia Formosa. En un extremo hay grandes rocas de basalto y en el otro, un tramo silvestre de arena volcánica negra.

A
B
C
D
1
2
3
4
5
6
Reseñas en:
Las mejores experiencias p. 42
Puntos de interés p. 54
Dónde comer p. 60
Dónde beber p. 63
Ocio p. 66
De compras p. 67
Cç do Pico
Fortaleza do Pico
23
54
58
R das Maravilhas
R Reis Gomes
R Dr Brito Câmara
R Calouste Gulbenkien
R do Jasmineiro
Av Luís de Camões
31
Av do Infante
4
Quinta Vígia
20
Parque de Santa Catarina
18
27
37
30
48
32
56
50
38
Tukxi
24
47
Estrada Monumental
R Imperatriz D Amélia
26
46
Av Sá Carneiro
R Carvalho Araujo
21

15 Jardins de Santa Luzia
R 5 de Outubro
Universo de Memórias João Carlos Abreu 10
Quinta das Cruzes
14 Convento de Santa Clara
12 Casa-Museu Frederico de Freitas
Cç de Santa Clara
R dos Ferreiros
R dos Netos
R 31 de Janeiro
52
53
Pereira D'Oliveira 2
History Tellers
5 3
Igreja do Colégio
R de São Pedro
R do Castanheiro
Madeiran Heritage
Praça do Município
11
57
R do Carmo
Museu de História Natural 22
51
R das Pretas
R Câmara Pestana
42
Museu de Arte Sacra
R Dr Fernão de Ornelas
R Mouraria
34
R da Carreira
29
8 Museu Photographia Vicentes
R do Bispo
R João Tavira
R de João Gago
43
Food on Foot
35
36
R do Aljube
13
R do Sabão
R do Esmeraldo
R 5 de Outubro
Blandy's Wine Lodge
Sé
R Ivens
1
Av Zarco
R da Sé
25
Jardim Municipal 16
39
41
28
55
R dos Aranhas
33
Av Arriaga
44
R da Alfândega
Praça da Autonomia
40
49
Madeira Film Experience 7
59
Av do Mar
R Dr António José de Almeida
6
Rota dos Cetáceos
Ventura
19
17
Madeira Radical
R Conselheiro José Silvestre Ribeiro
45
Puerto deportivo
9 Museu CR7
Bahía de Funchal
0
500 m
Terminal de cruceros
E F G H
1 2 3 4 5 6

Puntos de interés

Blandy's Wine Lodge

CATA DE VINOS

1 PLANO P. 52, F4

Situado en el Adegas de São Francisco, el antiguo monasterio franciscano, reúne a las empresas de vinos anglo-lusas que recibieron derechos comerciales especiales de Gran Bretaña en el s. XVII. Es la experiencia vinícola más conocida de Madeira, con visitas dirigidas por guías expertos y dos muestras gratuitas al final (45 min).

Los guías explican el origen y la composición del vino de Madeira. Cuando ya se distingue la Tinta Negra del Listão, se pueden curiosear las 650 barricas de roble americano almacenadas en el pabellón y pasear por el museo de la familia Blandy antes de dirigirse a la sala de degustación, decorada con motivos vinícolas del pintor alemán Max Römer. (www.blandyswinelodge.com)

Pereira D'Oliveira

CATA DE VINOS

2 PLANO P. 52, G2

Dirigida por la quinta generación de la familia D'Oliveira, es la experiencia vinatera más accesible de Funchal. Cualquiera puede entrar en esta aromática sala de barricas y probar tres tipos de vino de Madeira, a veces acompañado por una porción de *bolo de mel* (pastel de melaza) y galletitas saladas. Las paredes están llenas de botellas de vino de principios del s. XX y tienen buenos precios para envíos a domicilio. (www.doliveiras.pt)

Blandy's Wine Lodge.

History Tellers
PASEO

3 PLANO P. 52, G2

Cinco paseos informativos por Funchal a cargo de estudiantes voluntarios bien informados. Los beneficios se destinan a becas y al sindicato de estudiantes de la Universidad de Madeira. Se reserva en el vestíbulo de la universidad en Rua dos Ferreiros. (www.madeiranheritage.pt)

Quinta Vígia
JARDINES

4 PLANO P. 52, D5

Los jardines del palacio presidencial, junto a la Avenida do Infante, son los más bellos del centro (la entrada cuesta el absurdo precio de 1 €). Las típicas pasarelas de guijarros de basalto atlántico discurren a través de una jungla organizada de plantas exóticas, fuentes, estanques con peces, pajareras con guacamayos y parterres de roca volcánica hasta un mirador sobre el puerto de los cruceros. (www.madeira.gov.pt)

Madeiran Heritage
CIRCUITOS

5 PLANO P. 52, G2

Esta interesante iniciativa organiza visitas guiadas a puntos de Funchal que pueden pasar desapercibidos, pero que encierran historias fascinantes. Los guías son estudiantes voluntarios de la Universidad de Madeira, donde también se halla la tienda. La web informa de los puntos de encuentro y las fechas y horarios de las visitas. (www.madeiranheritage.pt)

Rota dos Cetáceos
FAUNA

6 PLANO P. 52, F4

Estas excursiones de 2½ h para observar ballenas y delfines en compañía de biólogos marinos son para verdaderos aficionados a la fauna atlántica. Si no se avistan cetáceos, la empresa ofrece un nuevo intento gratuito.

Rota dos Cetáceos también ofrece excursiones para nadar con delfines y circuitos privados. (www.rota-dos-cetaceos.pt)

Madeira Film Experience
CENTRO CULTURAL

7 PLANO P. 52, E4

Esta excelente atracción promete ofrecer "la historia de la isla en 30 minutos", y no decepciona. El *film* animado, con explicaciones en varias lenguas y una buena producción, conduce al espectador por los principales períodos del pasado de la isla –de roca fundida que emerge del Atlántico a moderno destino turístico – de un modo ameno e informativo, que despierta las ganas de saber más. (www.madeirafilmexperience.com)

Museu Photographia Vicentes
MUSEO

8 PLANO P. 52, F3

Montado por Vicente Gomes da Silva en 1865, es un estudio fotográfico exquisitamente conservado, en un patio empedrado y umbrío, que estuvo en activo hasta 1982. Las exposiciones de equipos fotográficos antiguos son muy

La estatua de Cristiano

Si se mira hacia la entrada del Museu CR7, será imposible no ver la estatua de Cristiano Ronaldo, una escultura en bronce del hijo más ilustre de Funchal, inaugurada en su presencia en diciembre del 2014. Representa a la estrella del fútbol con su famosa pose de "aquí estoy yo", aunque muchos comentan lo bien dotada que está la figura y no tanto el talento del jugador. Se sugirió modificar la estatua y eliminar la zona censurable, pero las autoridades decidieron no hacerlo. Dicen que frotar la estatua en ciertas zonas trae buena suerte.

interesantes, pero el verdadero tesoro es el millón y medio de imágenes, la mayoría del s. XX, el registro más valioso que existe de la vida en la isla. Completamente renovado en el 2020, es una atracción ineludible para los interesados en la historia.

Museu CR7 MUSEO

9 PLANO P. 52, E5

Si por casualidad se ha pasado por alto, aquí nació y creció uno de los mejores futbolistas de la historia, Cristiano Ronaldo. El museo es una ostentosa colección de los trofeos, premios, medallas, cartas de fans, balones de sus *hat-tricks* y camisetas que ha amasado a lo largo de su imponente trayectoria.

Hay réplicas de los trofeos futbolísticos más importantes y es posible hacerse una foto con Cristiano y buscarla en Facebook el mismo día. En el exterior se encuentra su escultura de bronce, de aspecto bastante inusual, con las manos y "otras partes" bien sobadas para atraer la buena suerte. (www.museucr7.com;)

Universo de Memórias João Carlos Abreu MUSEO

10 PLANO P. 52, E2

Ubicado en una elegante mansión de finales del s. XIX, este museo-centro de arte custodia variadas colecciones donadas por el ávido coleccionista João Carlos Abreu, periodista, escritor, político, actor, artista, exministro de Turismo y, a todas luces, entusiasta viajero y coleccionista de recuerdos. Sin embargo, no se trata de recuerdos ordinarios: las salas están repletas de objetos maravillosos, muchos de ellos obras de arte. Las visitas guiadas repasan el tesoro de corbatas, estatuas ecuestres, cuadros y muebles de Abreu; destaca el valioso jarrón Ming.

Igreja do Colégio IGLESIA

11 PLANO P. 52, G3

La iglesia de los jesuitas de Funchal domina la plaza más bonita de la ciudad, Praça do Município. Su interior barroco, ornamentado por doquier, incluye azulejos, arcos pintados y trampantojos en el techo. Aunque se puede subir a la torre, hay otros miradores mejores en la ciudad.

Casa-Museu Frederico de Freitas MUSEO

12 PLANO P. 52, E2

Construida por los condes de la Calçada en el s. XVII, se trata de una señorial mansión adquirida en la década de 1940 por un abogado de la zona, Frederico de Freitas. Ávido coleccionista de casi todo, pasó las tres décadas siguientes llenando las estancias con antigüedades y cachivaches. Las habitaciones de techos altos, repletas de finos muebles, alfombras y valiosos abalorios, son una oda al buen gusto.

Hay una sala dedicada a su obsesión por las jarras y tazas, de las que se exponen 2000. Un anexo del museo alberga una amplia exposición de azulejos portugueses. (www.facebook.com/cmfredericofreitas)

Food on Foot COMIDA Y BEBIDA

13 PLANO P. 52, G3

Madeira por fin cuenta con una empresa turística dedicada a la gastronomía de la isla. Se ofrece un recorrido gastronómico clásico por la ciudad que incluye 15 experiencias culinarias diferentes: una cena con una familia local, una clase de cocina o una cesta para llevarse a las *levadas*. (www.madeirafoodonfoot.com)

Igreja do Colégio (p. 56).

FABIAN JUNGE/SHUTTERSTOCK ©

Una escala en el Atlántico

Antes de los viajes por aire, Madeira era una especie de escala en las rutas de los viajes en barco por el Atlántico. El capitán Cook paró aquí en una de sus travesías, al igual que Darwin en su ruta hacia las islas Galápagos. Sin embargo, a Napoleón no se le puede considerar visitante: en agosto de 1815, de camino a su exilio en Santa Helena, estuvo encerrado a bordo del *Northumberland*, atracado en la bahía de Funchal, con la agradable compañía de 600 botellas de madeira, regalo del cónsul británico.

Los dos visitantes más aclamados llegaron cada uno tras una guerra mundial: el último emperador austriaco, Carlos I (p. 90), llegó exiliado en 1918, y una neumonía le dejó para siempre en la isla; Churchill acudió para paliar su estado depresivo en 1950, aunque el termofóbico se marchó enseguida después de conseguir un cuadro al óleo y una botella de vino de Napoleón.

Reid's Hotel (www.belmond.com; wifi) conserva un libro especial de huéspedes ilustres, pero hay que ser importante de verdad para firmar en él. Solo lo han conseguido 78 personas en casi 130 años.

Convento de Santa Clara — CONVENTO

14 PLANO P. 52, E2

En este convento del s. XV, antaño el más rico de la isla, destaca una de las más atractivas iglesias de Madeira, con azulejos de arriba abajo y suelos de madera encerada. Se puede llamar a la puerta del convento para hacer una breve visita guiada por el resto del complejo a cargo de las monjas internas.

Jardins de Santa Luzia — PARQUE

15 PLANO P. 52, F1

Creado en el solar de una antigua fábrica de azúcar, de ahí la enorme chimenea del centro y los restos de maquinaria aquí y allá, este olvidado oasis a las afueras del centro recibe pocas visitas. Ofrece montones de flora exótica, su propia *levada*, una zona de juegos excelente y un café. También alberga un mercadillo dominical esporádicamente.

Jardim Municipal — PARQUE

16 PLANO P. 52, F4

Feraz y antiguo parque ubicado en el centro, en las tierras del convento de San Francisco, con decenas de árboles exóticos etiquetados, pájaros cantores, senderos de guijarros de basalto, un café, baño y un escenario que acoge espectáculos todo el año.

Ventura — AVENTURA

17 PLANO P. 52, F4

Además de excursiones para avistar delfines y ballenas, nadar

Parque de Santa Catarina.

en la bahía y navegar al atardecer, es una de las pocas compañías que organizan excursiones en yate a las deshabitadas Desertas, con pernocta. (www.venturadomar.com)

Madeira Explorers SENDERISMO

18 PLANO P. 52, A5

Organiza rutas por *levadas* y otras caminatas, y es una de las mejores agencias de la isla. El precio incluye el transporte de ida y vuelta al hotel. (www.madeira-levada-walks.com)

Madeira Radical PIRAGÜISMO

19 PLANO P. 52, F4

Esta pequeña empresa organiza excursiones guiadas en kayak de mar (2-6 personas), en especial a la reserva de Garajau por las mañanas, paseos al atardecer y otros recorridos. (www.madeiraradical.com)

Parque de Santa Catarina PARQUE

20 PLANO P. 52, D5

Espacio grande y en cuesta con una zona de juegos para niños bien equipada, un café y la primera capilla de Madeira. Resulta ideal para disfrutar de un pícnic entre exóticas plantas. ()

City Bubble Tours CONDUCCIÓN

21 PLANO P. 52, A6

Sus vehículos eléctricos Renault Twizy de dos plazas se han convertido en un medio popular, divertido y ecológico de ver Madeira. Tienen circuitos fijos guiados por GPS y hay puntos de carga en puntos estratégicos de toda la isla. (www.citybubbles.pt)

'Bolo de mel'

Descrito siempre como "dulce de miel", los pasteles con forma de rueda y color marrón oscuro conocidos como *bolos de mel* están hechos en realidad de melaza o *mel de cana*. Los lugareños suelen comerlos en Navidad, pero los turistas lo hacen todo el año. No hay que cortarlos, sino hacerlos pedacitos. A menudo se sirven para acompañar una copa de madeira.

Museu de História Natural

MUSEO

22 PLANO P. 52, E3

Este anticuado museo, situado en un palacio enorme al estilo clásico de Funchal, cuenta con un vetusto acuario en la planta baja y fauna local disecada (criaturas marinas incluidas) en la 1ª planta. Destaca su interesante plano en 3D de Madeira y una exposición de arácnidos capaz de sorprender al viajero más documentado. El museo también alberga exposiciones temporales, por lo general incluidas en el precio.

Fortaleza do Pico

FORTALEZA

23 PLANO P. 52, D2

Se localiza fácil, pero es arduo llegar, aunque merece la pena subir a la cima de la roca, al noroeste del centro, para gozar de magníficas vistas, quizá las mejores de Funchal. Construido en el s. XVII como punto de vigilancia, el edificio es propiedad de la Marina portuguesa. Recibe pocas visitas, pero tiene un café y una sala de exposiciones; es también una zona de *pícnic* tranquila, aunque a veces ventosa.

Tukxi

CIRCUITOS

24 PLANO P. 52, D5

Dispone de una flota de vehículos eléctricos Ape Calessino (al más puro estilo *tuk-tuk*) para diversos circuitos guiados por conductores bien informados. Un modo innovador y ecológico de ver Funchal. (www.tukxi.pt)

Dónde comer

Armazém do Sal

PORTUGUESA €€€

25 PLANO P. 52, H4

Ubicado en un antiguo almacén de sal con vigas oscuras y piedra, es uno de los mejores restaurantes del centro con una oferta totalmente diferente. El cordero y el cochinillo negro son más propios del Portugal continental que de Madeira, pero la *espada* (sable negro) y el postre de macarrón de fruta de la pasión transportan al comensal a las soleadas costas atlánticas.

Es uno de los pocos restaurantes de Funchal que ofrece opciones veganas de fiar. (www.armazemdosal.com;)

Dona Amélia

MEDITERRÁNEA €€

26 PLANO P. 52, B6

Este pequeño local del elegante y antiguo Funchal ha logrado sobrevivir en medio del cemento en expansión de la zona hotelera. Ofrece platos mediterráneos y locales en un oasis de ambiente tradicional. Pese a estar en la lista Michelin, sus precios son asequibles. Algunas mesas tienen magníficas vistas del mar. (www.donaameliarestaurant.com)

Il Gallo d'Oro

MEDITERRÁNEA €€€

27 PLANO P. 52, A5

En la cocina del chef Benoît Sinthon brillan dos estrellas Michelin. Sirve una cocina local y mediterránea *gourmet* a clientes adinerados en el galardonado Cliff Bay Hotel. El interior es sorprendentemente sobrio, pero las vistas lo compensan. Exigen media etiqueta (chaqueta para hombres). (www.ilgallodoro.com)

O Avô

DE MADEIRA €

28 PLANO P. 52, H4

Fuera, las mesas llevan manteles de rayas tradicionales; en el interior, cuelga del techo la mayor colección de bufandas de fútbol de Europa y 1000 botellas de cerveza en cajas de cristal. El anterior propietario abarrotó esta antigua casa de piedra, en las callejuelas del casco antiguo, con sus colecciones privadas, que pueden admirarse mientras se degusta alguno de los sabrosos platos de su reducida carta. (📶)

Regional Flavours

DE MADEIRA €€

29 PLANO P. 52, E3

Su magnífica ubicación en la peatonal Rua da Carreira y sus platos genuinamente madeiren-

Camarero en Funchal.

EKATERINA POKROVSKY/SHUTTERSTOCK ©

Bolo de mel, café y vino de Madeira.

ses, elaborados con ingredientes locales siempre que es posible, lo convierten en una excelente y céntrica opción. La terraza en la concurrida calle es ideal para una *espetada* (brochetas de ternera a la parrilla) o una *espada* (sable negro), seguido de un pastel de queso y fruta de la pasión. (🚸)

Quinta da Casa Branca

INTERNACIONAL **€€€**

30 PLANO P. 52, A5

El restaurante de esta *quinta* (y hotel) ofrece cierta dosis de elegancia a la antigua, gracias a sus alfombras turcas, las viejas lámparas y los manteles almidonados. El *carpaccio* de venado, el caviar de arenque y el pato a la grosella están muy lejos de los platos habituales de Madeira, pero son una agradable y sabrosa sorpresa. Imprescindible media etiqueta. (www.quintacasabranca.pt)

A Confeitaria

CONFITERÍA **€**

31 PLANO P. 52, C5

Es un sitio soberbio y siempre lleno, situado frente al casino. Venden pasteles y dulces hechos in situ, y toda la gama de cafés de Madeira. Los productos recién hechos y los precios razonables atraen a lugareños al frugal y moderno interior, y a las mesas de la terraza. También para llevar. (📶)

Casa Madeirense

DE MADEIRA **€€**

32 PLANO P. 52, A5

Original de la zona hotelera y anterior a la mayoría de sus competidores, este local deliciosamente *kitsch* en una antigua casa de

Menús en otros idiomas

No se ha localizado ningún restaurante en Madeira que no tenga menú en inglés, español, alemán, francés o incluso finlandés, aunque las traducciones son algo confusas e incluso divertidas. Pocos camareros tienen problemas para comunicarse, aun en los lugares más remotos.

piedra está decorado con mucho esmero: mimbre de Camacha, azulejos artesanales, barriles de vino y llamativos tejidos. Ofrece platos de carne y pescado típicos de la isla en un entorno fresco y tenuemente iluminado. (www.casamadeirense-funchal.com)

O Celeiro DE MADEIRA €€

33 PLANO P. 52, E4

"El granero" es uno de los sitios más antiguos de Funchal y trata de hacer honor a su nombre con los chismes rurales que decoran las paredes. Por lo demás, es un restaurante abarrotado, con azulejos tradicionales y vigas, que sirve pescado y marisco, junto a otros platos como cerdo al curri y costillas de cordero. (www.restauranteoceleiro.com)

Londres MARISCO €€

34 PLANO P. 52, F3

Uno de los primeros restaurantes turísticos de la isla, abierto en 1976, con un comedor nada llamativo donde disfrutar de clásicos de Madeira, además de moluscos, calamar y otros platos más internacionales. El servicio es excelente y, buena señal, siempre está lleno de lugareños. (❄)

Restaurante dos Combatentes DE MADEIRA €€

35 PLANO P. 52, F3

Local familiar, en un rincón del Jardim Municipal, que sirve *espada, espetada,* mucho marisco y un par de platos vegetarianos sabrosos. El sencillo comedor está decorado con antigüedades, pero todo se centra en la comida, sencilla, pero muy bien elaborada.

Hamburgueria do Mercado HAMBURGUESERÍA $

36 PLANO P. 52, F3

Las gigantescas hamburguesas *gourmet* son la atracción del local. El personal es amable y las paredes están decoradas con papel turquesa y blanco brillante. La hamburguesa Mercado consiste en una gran porción de ternera con cinco quesos distintos, pero hay opciones más ligeras. (📶)

Dónde beber

Terraza del Reid's Hotel SALÓN DE TÉ

37 PLANO P. 52, A5

La experiencia anglo-lusa por excelencia es el té de la tarde en el Reid's (lu-do 15.00). Cuentan con 24 variedades de té, así como

Saborear el café de Madeira

Nada de cafés exprés ni con leche: los portugueses, locos por estos granos, tienen su propio léxico para referirse a sus infusiones. Una *bica* es un café exprés; un *garoto* es mitad exprés y mitad leche. Un *chinesa* es un café con leche cargado, mientras que un *carioca* es un exprés suave. Un *galão* es lo más parecido a un café con leche y se sirve en vaso alto. También se puede tomar una taza de *chá* (té).

sándwiches de pepino, exquisitos pasteles y champán, que se sirven en la terraza con vistas a la bahía. Se recomienda reservar. (www.belmond.com)

Vespas DISCOTECA

38 PLANO P. 52, D5

Abrió en 1980 y, durante un tiempo, fue el único local de la isla donde trasnochar. Ahora es la principal discoteca de Madeira, el local más divertido y moderno de la zona, y suele poner su granito de arena en las muchas fiestas de Funchal, como el carnaval y la Festa da Flor.

Golden Gate Cafe CAFÉ

39 PLANO P. 52, F4

Activo desde 1841, es uno de los cafés más célebres de Funchal, aunque perdió su peculiar encanto por una pomposa reforma hace diez años. La comida es cara, pero se puede tomar un café o un cóctel en la terraza mientras se ve a los transeúntes pasar.

Copacabana DISCOTECA

Algunos dicen que esta discoteca en el casino (véase 50 plano p. 52, D5) es el mejor local nocturno de Funchal. Ponen música de los años ochenta y noventa, hay DJ permanente, tocan grupos de Brasil, Madeira y Portugal, proyectan películas, y una heterogénea multitud convierte el lugar en uno de los más animados de la isla. (www.casinodamadeira.com)

Cafe do Teatro CAFÉ

40 PLANO P. 52, F4

Está junto al teatro Baltazar Dias, tiene mucho estilo y abre todo el día, pero se anima al anochecer. Ofrece mesas en la calle y en el patio, donde los DJ pinchan los sábados por la noche. ()

Loja do Chá SALÓN DE TÉ

41 PLANO P. 52, G4

Pequeño local con más de 100 tés con terraza en la soleada Praça do Colombo. Tentempiés y almuerzos ligeros acompañan a tés verdes, negros, de jazmín y de frutas. (www.lojadochamadeira.com)

Cafe do Museu CAFÉ

42 PLANO P. 52, G3

Al acecho en la logia del Museu de Arte Sacra, durante el día es el café del museo y al anochecer, un local nocturno, sobre todo los fines de semana en que, a veces, hay música en vivo o un DJ. (www.facebook.com/museucaferestaurant)

Penha D'Águia

CAFÉ

43 PLANO P. 52, G3

La mejor panadería de Funchal lleva desde 1844 moliendo granos de café y dorando *pasteles de nata* (tartas portuguesas). El céntrico local presume de un espectacular interior en blanco y azul, con algún elemento retro que le da un toque del s. XXI. Es ideal para un café o un almuerzo ligero.

Mini Eco Bar

BAR

44 PLANO P. 52, G4

Un bar diminuto que se anima los fines de semana con DJ que pinchan buena música para un público relajado. Es genial para mezclarse con la gente, aunque no para sentarse. (www.fresh-citrus.com;)

Beerhouse

CERVECERÍA ARTESANAL

45 PLANO P. 52, F5

Esta estructura de vigas ensambladas con un techo de lona que da al puerto deportivo es la única cervecería artesanal de Funchal. Produce una rubia correcta, perfecta para un menú turístico típico de Madeira. Los fornidos camareros vestidos de bávaros lo arruinan un poco, pero la cerveza, los cócteles y la ubicación sí merecen una visita. (www.beerhouse.pt)

Vendedor ambulante de café, Funchal.

TON HAZEWINKEL/SHUTTERSTOCK ©

Pub No 2

PUB

46 PLANO P. 52, A6

En un bajo edificio tradicional, actualmente eclipsado por los altos hoteles de cristal y acero que lo rodean, es un local de siempre, frecuentado por un puñado de expatriados y turistas. De iluminación tenue y con un falso entramado de madera, este bonito oasis en la zona hotelera ofrece cerveza inglesa, comida y fútbol televisado. ()

Prince Albert Pub

PUB

47 PLANO P. 52, B6

Vecino del monstruo que es el Savoy, el *pub* británico más antiguo de Funchal ofrece deportes televisados, asados los domingos, música ocasional en directo e iluminación ambiental; mucha cerveza británica y charlas de expatriados. ()

Ocio

Qasbah

JAZZ

48 PLANO P. 52, A5

De día un restaurante, de noche el mejor local de la zona hotelera para saborear un cóctel en la húmeda brisa atlántica, mientras se escucha *jazz*, fado y otras músicas en vivo. Es ideal para empezar o terminar una noche en Funchal. (https://qasbah-restaurant.business.site)

Teatro Baltazar Dias

TEATRO

49 PLANO P. 52, F4

El grandioso teatro principal de Funchal (llegó a haber cinco), de finales del s. XIX, es perfecto

Casino da Madeira Madeira (p. 67).

TRAVEL FAERY/SHUTTERSTOCK ©

Leyenda local: Cristiano Ronaldo

Una vez en Madeira, se tarda poco en descubrir que Funchal ha dado al mundo uno de los mejores jugadores de fútbol de todos los tiempos. Cristiano Ronaldo dos Santos Aveiro nació en 1985 en el barrio de Santo António, al norte del centro. Se dice que sus padres, de clase trabajadora, le pusieron ese nombre por el presidente Reagan. Comenzó su carrera en el Andorinha, un club de Quinta División de Santo António, pero pronto pasó al Nacional y, de ahí, al Sporting de Lisboa, al Manchester United, al Real Madrid, a la Juventus y de nuevo al Manchester United. Ha ganado el Balón de Oro en cinco ocasiones, además de cinco UEFA Champions Leagues, la Premier League inglesa y la Liga. Pero, pese a su fama, no se ha olvidado de la isla en el Atlántico donde empezó todo. Hace tiempo que dona trofeos, camisetas firmadas y demás cosas al Museu CR7, una gran atracción turística en Funchal. Es, además, asiduo visitante de Madeira y su madre aún vive en Funchal.

para disfrutar de un completo programa cultural: música clásica, fado, *ballet* y otras artes escénicas, aparte de festivales de cine y demás acontecimientos. (https://teatrobaltazardias.funchal.pt)

Casino da Madeira — CASINO

50 ☆ PLANO P. 52, D5

El edificio de hormigón de estilo brutalista, diseñado por Oscar Niemeyer, el arquitecto encargado de Brasilia, la planificada capital de Brasil, es ideal para una velada nocturna especial, aunque no se juegue a la ruleta. Tras una cena lujosa con espectáculo, lo mejor es quedarse viendo cómo otros derrochan el dinero o bailar en la discoteca Copacabana (p. 64). Se recomienda media etiqueta (www.casinodamadeira.com; wifi)

Iglesia inglesa — SALA DE CONCIERTOS

51 ☆ PLANO P.52, E3

La enorme iglesia anglicana de Funchal, epicentro de la vida de los expatriados británicos, parece ser más un espacio dedicado a la música en directo y otros eventos que al culto. Al menos una vez por semana hay algo: *jazz*, fado, música de cámara y recitales vocales aparecen regularmente en el programa. Véase la web para más detalles o búsquense carteles por la ciudad. (www.holytrinitychurchmadeira.com)

De compras

Livraria Esperança — LIBROS

52 🔒 PLANO P. 52, G2

Ofrece libros de segunda mano y nuevos en un local enorme. Ocupa todo un palacio y afirma tener más de 100 000 títulos, lo que la convierte en la librería más grande de Portugal. La mayoría de los libros son en portugués, pero hay también una sección en lenguas extranjeras. Es genial para buscar libros raros sobre la historia de Madeira, historia natural, etc., así como para guías de viaje y planos. (www.livraria-esperanca.pt)

Artesanato da Madeira
ARTE Y ARTESANÍA

53 PLANO P. 52, G2

Creada por los institutos oficiales madeirenses del vino y el bordado, esta sala de exposiciones de productos industriales y artesanos de la isla, cuidadosamente comisariada, es idónea para quienes buscan verdaderos productos artesanales. Se exponen desde lana hasta mimbre, pasando por sombreros cónicos tradicionales, muñecas de maíz, cerámica y bordado, a menudo acompañados de un poco de historia. (www.artesanatodamadeira.pt)

Escuchar música fado

Pese a no ser originario de la isla, las gentes de Madeira comparten el amor al fado con sus compatriotas peninsulares, y en Funchal hay al menos dos locales donde oírlo. Las raíces del fado se remontan al Portugal de principios del s. XIX, y se basa en la voz y la guitarra, a menudo con un sonido triste y nostálgico, y letras melancólicas, que hablan de pobreza, pérdida, añoranza y vida en el mar. No están claros los orígenes, pero es el sonido característico de todo el mundo lusófono.

Fábrica Ribeiro Sêco
COMIDA

54 PLANO P. 52, A3

Esta fábrica mantiene vivas algunas de las tradiciones de procesamiento del azúcar que hicieron rica a Madeira. Sita al norte del centro, vende su famosa melaza, *bolo de mel*, galletas de caña de azúcar y libros de recetas. Sus productos también se encuentran en los supermercados de toda la isla. (www.fabricaribeiroseco.pt)

La Vie
CENTRO COMERCIAL

55 PLANO P. 52, E4

Este moderno centro comercial es el mejor de su tipo entre Lisboa y Nueva York. Aparte de grandes marcas, incluye una farmacia, un gran supermercado, cajeros y tiendas de telefonía móvil. (https://funchal.lavieshopping.pt)

Forum Madeira
CENTRO COMERCIAL

56 PLANO P. 52, A5

Los que se hospeden en alguno de los hoteles o apartoteles situados en el extremo occidental de la zona hotelera acabarán yendo a este práctico centro comercial con un supermercado Pingo Doce, cafeterías, tiendas deportivas y cines. (www.forummadeira.com)

Fábrica Santo António COMIDA

57 PLANO P. 52, G3

Una tienda exquisitamente anticuada que conserva las vitrinas, las básculas y los mostradores de principios del s. XX. Venden clásicos de Madeira como el *bolo de mel* con un alegre empaquetado, galletas de caña de azúcar y mermeladas tradicionales. (www.fabricastoantonio.com)

Madeira Shopping CENTRO COMERCIAL

58 PLANO P. 52, A3

El centro comercial más grande de Madeira, ubicado muy por encima del centro, en el barrio de Santo António. Tiene más de 100 tiendas, además de varios restaurantes y un gran supermercado. Se llega con el autobús nº 8A. (www.madeirashopping.pt)

Mercadillo de Santa Luzia MERCADO

Cada último domingo de mes se celebra un mercadillo en los Jardins de Santa Luzia (véase 15 plano p. 52, F1). Se venden todo tipo de cachivaches, como bordados de segunda mano, recuerdos de antaño y suculencias isleñas.

O Bordão ACTIVIDADES AL AIRE LIBRE

59 PLANO P. 52, F4

Para comprar unos bastones, una brújula o unas botas de montaña para las *levadas*, se recomienda visitar O Bordão (El báculo), la única tienda de material para actividades al aire libre de la isla. El surtido es limitado y los precios no precisamente baratos, pero soluciona una emergencia.

Compras con historia

En la última década, Funchal ha presenciado un auténtico auge del comercio minorista, cuya prueba más tangible son los grandes centros comerciales que han proliferado en puntos estratégicos. Aunque estos relucientes templos del consumo son muy cómodos, han puesto en entredicho el futuro de muchas antiguas tiendas familiares del centro, que tanto agrada explorar. Apoyar estos establecimientos, a veces muy anticuados, puede ayudarles a sobrevivir frente a la avalancha de cadenas y tiendas, preservando además el carácter del centro de Funchal. Se recomienda buscar las placas de "Loja com História" (literalmente "tiendas con historia") por la ciudad o consultar https://lojascomhistoria.funchal.pt.

Explorar

Este de Funchal

El este de Funchal empieza y acaba en la Zona Velha, un antiguo barrio de pescadores que hasta hace una década era una zona deteriorada y casi sin vida. Ahora se ha convertido en un lugar moderno lleno de bares, galerías, tiendas y restaurantes, y es el principal destino de ocio nocturno de la capital. La atracción estrella en los márgenes de la Zona Velha es el Mercado dos Lavradores.

Lo esencial

- ***Zona Velha (p. 72)*** *El antiguo barrio de comerciantes y pescadores, hasta hace poco una zona descuidada, es ahora un moderno enclave de restaurantes y vida nocturna.*
- ***Mercado dos Lavradores (p. 74)*** *El mercado principal de Madeira es un revoltijo de colores y fragancias, con flores, frutas y pescado.*
- ***Jardins Botânicos da Madeira (p. 76)*** *El jardín botánico más exquisito del Atlántico tiene cactus, loros y arbustos multicolores.*
- ***Armazém do Mercado (p. 86)*** *Rebuscar entre arte local y libros de segunda mano en los puestos del mercado.*
- ***Arsenio's (p. 84)*** *Noches de carne a la parrilla y música de fado melancólica a la fresca brisa del Atlántico.*

Cómo llegar y desplazarse

La gran mayoría de los visitantes descubre el este de Funchal a pie; de hecho, es la única forma de visitar la Zona Velha.

Muchos autobuses de Horários do Funchal tienen su última parada en los alrededores de la Zona Velha.

Plano de la zona en p. 78.

Jardins Botânicos da Madeira (p. 76).
TRAVEL FAERY/SHUTTERSTOCK ©

Las mejores experiencias

Salir de fiesta por la Zona Velha

PLANO P. 78, C3

Embutida entre el Mercado dos Lavradores y la fortaleza de Santiago, la "zona vieja" de Funchal es el sitio más a la última de Madeira. Hace unos años, era un ruinoso conjunto de casitas de pescadores y almacenes de comerciantes del s. XIX abandonados, pero este barrio se ha transformado en el epicentro de la vida nocturna de Funchal con la llegada de nuevos e imaginativos bares, restaurantes y albergues.

Rua de Santa Maria

Es la calle más de moda de Funchal, con solo unos metros de ancho, y recorre la Zona Velha al completo. Por sus adoquines no pasan coches, pero sí muchos turistas y lugareños. De día está casi bloqueada en algunos puntos por las mesas y sillas de los restaurantes locales; de noche, la multitud sale de bares diminutos *poncha* y caipiriña en mano. La calle tiene mucha historia, desde la diminuta **Capela da Boa Viagem,** del s. XVII, donde la vía cruza Rua de Boa Viagem, hasta las casas altas de comerciantes, cuyos sótanos enmohecidos se remontan a los primeros colonos y los días en que Madeira era un enclave vital en el tráfico de mercancías por el Atlántico. Casi todas las obras de arte callejero de la Zona Velha, creadas como parte del **proyecto artístico Puertas Abiertas,** se hallan aquí.

Largo do Corpo Santo

Rua de Santa Maria se ensancha en el margen oriental hacia el precioso Largo do Corpo Santo, que ofrece un par de atracciones menores entre restaurantes para turistas. La **Capela do Corpo Santo** es la vieja capilla de los pescadores, aunque solo se conserva el portal original del s. XV. La única sección de la muralla del s. XVI de Funchal que sobrevive queda cerca.

Paseo marítimo

Sobre los tejados rojos de la Zona Velha se deslizan las cabinas del teleférico, cuya moderna estación, de vidrio y acero, domina el paseo marítimo de la Zona Velha. En el otro extremo se ubica el **Jardim do Almirante Reis,** antiguo campo de fútbol y lugar de paseo de turistas y vecinos.

★ Consejos

- Es mejor visitar la Zona Velha de noche, cuando todos los bares están abiertos.
- El teleférico de Monte termina en la Zona Velha.
- El Jardim do Almirante Reis es un sitio popular para hacer un pícnic.

✕ Una pausa

El Mercado dos Lavradores (p. 74) es ideal para aprovisionarse para un pícnic o instalarse en uno de los cafés del mercado.

La cafetería del Art Food Corner (p. 83) del Caravel Art Centre sirve tentempiés saludables y buen café.

Las mejores experiencias

Comprar la pesca del día en el Mercado dos Lavradores

Rebosante de colores, cargado de aromas y con un desfile de compradores y turistas curiosos, el mercado principal de Funchal es uno de los atractivos más cautivadores de la ciudad. Construida en 1940 por el arquitecto Edmundo Tavares, la estructura art déco ha conservado muchos elementos originales, como los azulejos de altísima calidad procedentes del Portugal peninsular.

PLANO P. 78, B3

www.facebook.com/mercadodoslavradores

Flores

El sorprendente color del mercado comienza en la entrada, donde vecinos con ropas tradicionales venden flores exóticas, arbustos, bulbos y semillas. En otoño e invierno brota la flor nacional de Madeira, la *estrelícia* (ave del paraíso), maravillosa y llamativa si se buscan flores cortadas. Durante todo el año hay una variedad de extraños y bellos trífidos, incluida una selección de las famosas orquídeas de la isla.

Fruta

Para muchos visitantes, los puestos de fruta en torno al patio central son lo más destacable. Por cada fruta que se reconozca, habrá otra que no. Entre las que crecen en Madeira están la *anone* (chirimoya), la *banana ananas* (monstera), el *tomate inglês* (tamarillo) y la papaya, además de los famosos platanitos dulces. Otros tesoros frutales son los mangos maduros de Brasil, las dulces naranjas de la península y las uvas del lugar; los precios son similares a los de los supermercados.

Pescado

Dejando atrás el mercado de frutas, se suben las escaleras hasta el mercado de pescado principal de Funchal. La estrella suele ser la llamativa *espada* (sable negro), una criatura de color negro, resbaladiza, con aspecto de anguila, filas de dientes afilados y enormes ojos acuosos. Es el pez típico de la isla, capturado por las noches en las profundidades del Atlántico. También llaman la atención las enormes rodajas de atún, así como la habilidad de los pescaderos fileteando y troceando las capturas del día.

★ Consejos

- Se debe llegar temprano para ver la lonja de pescado: es genial, pero acaba a la hora del almuerzo.
- El mercado alberga varios eventos gastronómicos y de otro tipo; consúltese el programa en la oficina de turismo.
- Algunos vendedores de la planta superior son algo agresivos; se aconseja mantenerse firme y no perder la sonrisa.
- La Oficina Municipal de Turismo de Funchal se encuentra en unas dependencias acristaladas en la planta superior del mercado.

✕ Una pausa

Pau de Canela (p. 82) es el mejor café del mercado. También hay una sucursal de **Confeitaria** en el propio edificio.

Las mejores experiencias

Maravillarse en los Jardins Botânicos da Madeira

El principal jardín botánico de Madeira es espectacular: cubre 80 000 m², está a 150-300 m sobre el nivel del mar y ostenta la colección más exótica de vida vegetal de Europa. Se llena de turistas asombrados por su frondoso espectáculo. Data de la década de 1950 y es una de las principales atracciones de Madeira.

PLANO P. 78, C1

https://ifcn.madeira.gov.pt

Flora fabulosa

Hay tanto que ver que a menudo es difícil saber por dónde empezar. Destacan la sección de especies indígenas y endémicas de Madeira, la zona de suculentas y cactus, la sección topiaria, el área dedicada a plantas medicinales y aromáticas, el jardín de palmeras y el mosaico ajardinado de arbustos, una de las postales más clásicas de Madeira. Pueden buscarse plantas como la *estrelícia* (ave del paraíso), que florece todo el año; la gigantesca y llena de espinas opuncia; la endémica *Musschia aurea*, de flores trífidas, y el *Geranium maderense*, que estalla en una lluvia de flores púrpuras.

Louro Parque

El vecino aviario, en el margen sur, es accesible con la misma entrada. Loros, periquitos, cacatúas, cotorras, canarios y reinitas graznan y pían todo el día en espaciosas jaulas. Las aves multicolores proceden de todos los rincones del globo, especialmente de Sudamérica. Una tortuga gigante de aspecto ancestral ocupa el estanque artificial en torno al que se disponen algunas jaulas.

Rincones ocultos

Lejos de las zonas principales, los jardines ocultan rincones que merece la pena explorar. La **cueva de los Amantes** es una gruta rocosa bordeada de helechos con una mesa y sillas hechas de guijarros volcánicos. El *miradouro* ofrece espléndidas vistas del arroyo Bom Sucesso; no obstante, la autopista Via Rápida pasa por un túnel justo debajo de los jardines, lo cual arruina el efecto; su construcción no estuvo exenta de polémica. En otra esquina hay una típica casa triangular de Santana.

★ Consejos

- Las plantas están etiquetadas con su nombre científico, la familia y el país de origen.
- Está prohibido alimentar a las aves del Louro Parque.
- Hay mapas en puntos estratégicos y explicaciones en portugués e inglés.
- Debido a la altitud de los jardines, es mejor no visitarlos en los períodos de mal tiempo, ya que hace frío y humedad.

✕ Una pausa

El único sitio donde descansar es el **bar** del lado noroeste.

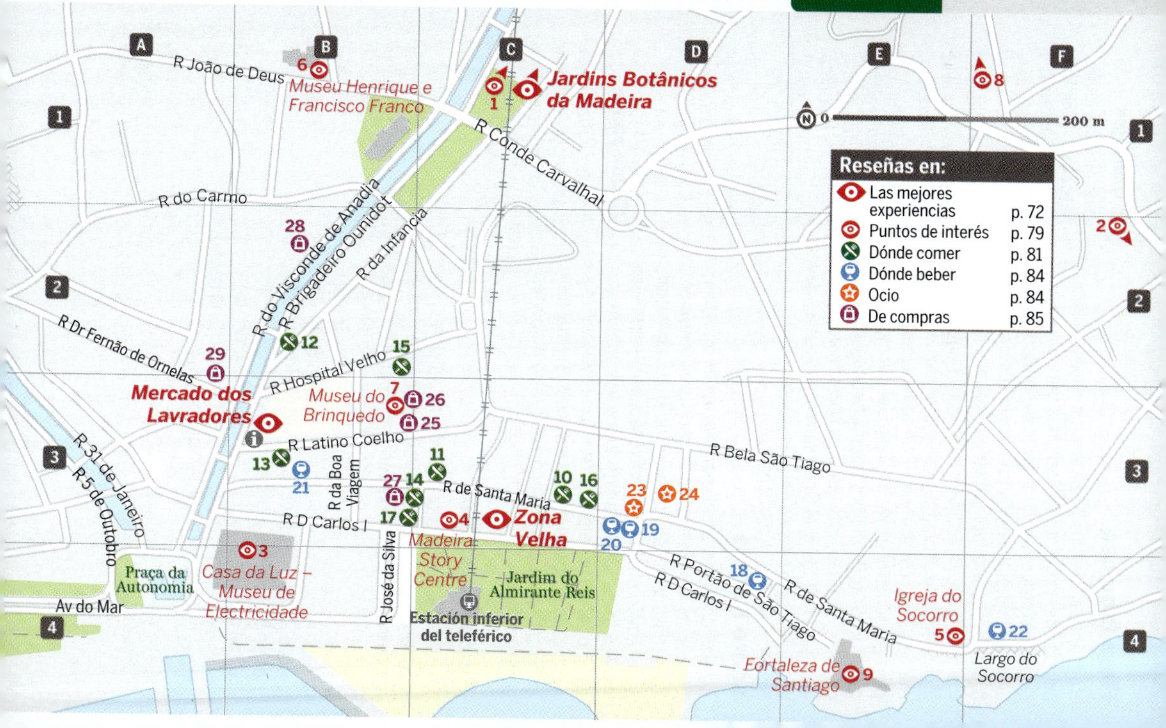

A
B
C
D
E
F
1
2
3
4
R João de Deus
6
Museu Henrique e Francisco Franco
1
Jardins Botânicos da Madeira
8
0
200 m
R Conde Carvalhal
R do Carmo
28
R do Visconde de Anadia
R Brigadeiro Ounidot
R da Infancia
2
R Dr Fernão de Ornelas
29
12
15
R Hospital Velho
Mercado dos Lavradores
7
Museu do Brinquedo
26
25
R Latino Coelho
13
21
R da Boa Viagem
R 31 de Janeiro
R 5 de Outobro
11
27
14
17
R de Santa Maria
10
16
23
24
R Bela São Tiago
4
Zona Velha
R D Carlos I
3
Casa da Luz – Museu de Electricidade
Praça da Autonomia
Av do Mar
R José da Silva
Madeira Story Centre
Jardim do Almirante Reis
Estación inferior del teleférico
20
19
18
R Portão de São Tiago
R D Carlos I
R de Santa Maria
Igreja do Socorro
5
22
Largo do Socorro
Fortaleza de Santiago
9
Reseñas en:
Las mejores experiencias p. 72
Puntos de interés p. 79
Dónde comer p. 81
Dónde beber p. 84
Ocio p. 84
De compras p. 85

Puntos de interés

Jardins do Palheiro JARDINES

1 PLANO P. 78, C1

Situados 500 m al este de Funchal, subiendo unas colinas, son unos jardines subtropicales encantadores, con una mezcla preciosa de zonas formales y silvestres, y con miles de plantas inusuales y familiares. Tras un buen paseo, se aconseja ir al salón de té a reponer fuerzas. Tómese el autobús nº 36 o 37. (www.palheirogardens.com)

Miradouro do Pináculo MIRADOR

2 PLANO P. 78, F2

La vista desde este *miradouro* al este de Funchal, foto típica de los folletos vacacionales, es única, ya que ofrece una panorámica de la ciudad desde los acantilados de São Gonçalo. Hay que tomar el autobús nº 39 hasta Estalagem Montanha.

Casa da Luz-Museu de Electricidade MUSEO

3 PLANO P. 78, B4

Desmantelada en 1989, la antigua central eléctrica de Funchal todavía alberga la sede de la EEM (Empresa de Electricidade da Madeira) y se ha convertido en un museo sobre la historia de la generación de electricidad en la isla y la electricidad en sí. Abajo, hay un salón enorme con generadores antiguos de diésel, pero la diversión está arriba, con muestras interactivas relacionadas con la electricidad. ()

Jardins do Palheiro.

MAKNAD/SHUTTERSTOCK ©

Madeira Story Centre MUSEO

4 PLANO P. 78, C3

Cuenta la historia de Madeira de una manera fácil e interactiva, desde cómo la primera masa de roca volcánica surgió de las aguas del Atlántico hasta el turismo de finales del s. xx. Destaca una maqueta de un ceñudo Napoleón a bordo del HMS *Northumberland* en ruta a Santa Elena, que se presenta con vino de Madeira, y una recreación de la cabina del barco de Aquila Airlines, junto a la proyección de una interesante película sobre el servicio a bordo.

A continuación, se impone subir a la terraza del último piso para ver las panorámicas de Funchal. Hay que tener en cuenta que este museo privado tiene problemas económicos y puede estar inexplicablemente cerrado cuando se visite. (www.madeirastorycentre.com)

El arte de Francisco Franco

El artista más famoso de Funchal fue el escultor Francisco Franco (1885-1955). A principios de la década de 1910 estudió en París, donde fue muy influenciado por artistas de la talla de Rodin, Bourdelle y Maillol. En 1914 Franco regresó a Funchal y adoptó una estética más expresionista. Hoy, cerca del Ayuntamiento de Funchal, se puede contemplar *El sembrador*, y una de las obras más famosas de Franco es *João Gonçalves Zarco*, de 1928, que domina la escena desde un pedestal en el cruce de las avenidas Zarco y Arriaga. También hay obras suyas en el pequeño **Museu Henrique e Francisco Franco**.

Igreja do Socorro IGLESIA

5 PLANO P. 78, E4

Esta impactante iglesia, asomada a un acantilado en el extremo este de la Zona Velha, se reconstruyó en 1750, pues la original desapareció con el terremoto de 1748. Algo apartada de la ruta turística, mira al Atlántico con toda su pompa barroca; incluye azulejos impresionantes y un techo pintado que el humo de un millón de velas ha envejecido con encanto.

Museu Henrique e Francisco Franco GALERÍA

6 PLANO P. 78, B1

Este pequeño museo expone las obras de Francisco Franco, escultor local de principios del s. xx, así como los cuadros de su hermano Henrique. El museo también organiza actos y exposiciones temporales.

Museu do Brinquedo MUSEO

7 PLANO P. 78, B3

Este museo del juguete ocupa siete salas del Armazém do Mercado. Los 20 000 objetos expuestos son la colección privada de José

Manuel Borges Pereira. Es un lugar pensado más para satisfacer la nostalgia de los padres que la curiosidad de los hijos, con piezas que van desde coches de latón hasta muñecos de Action Man y *La guerra de las galaxias*. También posee la única maqueta ferroviaria de Madeira y a menudo organiza exposiciones temáticas gratuitas en otras partes del Armazém do Mercado. (www.armazemdomercado.com/museu;)

Quinta da Boa Vista JARDINES

8 PLANO P. 78, F1

Esta *quinta* fue edificada por el cónsul honorario británico Cecil Garton y es el mejor sitio para ver las exquisitas orquídeas de Madeira. Los invernaderos son un derroche de *Cattleyas, Cymbidiums* y *Paphiopedilums*, pero al resto del lugar le vendría bien un repaso. El jardín a menudo está cerrado sin razón aparente.

Fortaleza de Santiago FORTALEZA

9 PLANO P. 78, E4

La fortaleza ocre y rosa oscuro que corona el paseo marítimo de la Zona Velha se construyó en la primera mitad del s. XVII, cuando Funchal era vulnerable a los ataques piratas. No hay gran cosa que ver, solo divertirse recorriendo las salas, torreones, almenas y rincones ocultos, y tomar fotos.

Las puertas de la Zona Velha

Al pasear por la Zona Velha es imposible no ver sus artísticas puertas, creadas como parte del **Projecto Arte Portas Abertas** (proyecto artístico Puertas Abiertas; www.arteportasabertas.com). La idea de dar vida a las puertas descuidadas de la zona fue del artista español José María Zyberchema que, desde el 2011, ha animado a artistas y lugareños a realizar obras de arte público por toda la Zona Velha.

Al proyecto se le atribuye haber dado un empujón a lo que se estaba convirtiendo en un barrio degradado que, tras un rápido proceso de revitalización, es ahora el centro nocturno de la capital. El artista espera que la idea se extienda a otras comunidades de la isla, y algo similar se ve ya en las puertas viejas de Machico.

Dónde comer

Gavião Novo MARISCO $$

10 PLANO P. 78, C3

Una de las mejores marisquerías de Madeira es este local íntimo, en el corazón de la Zona Velha, que atrae a turistas, lugareños y ricos y famosos portugueses con una de las experiencias culinarias más auténticas de la isla. El pescado capturado en aguas

Explorar los festivales gastronómicos

Casi cada semana se celebra un festival gastronómico en algún lugar de Madeira, como Curral das Freiras (castañas), Faial (chirimoyas), Jardim da Serra (cerezas), Madalena do Mar (plátanos), Câmara de Lobos (sable negro), Funchal (vino), Porto da Cruz (uvas), Ponta do Pargo (manzanas), Santo da Serra (sidra), Ponta do Sol (caña de azúcar), Santana (limones) y Caniço (cebollas). Estos eventos festejan la riqueza de los productos que crecen en las tierras volcánicas de Madeira o se extraen del pródigo Atlántico.

isleñas se combina con marisco portugués que llega en avión todas las semanas. Se elaboran postres dos veces al día y solo emplean el mejor aceite de oliva del país. (www.gaviaonovo.pt)

Tasca Literária DE MADEIRA $$

11 PLANO P. 78, C3

Local con encanto donde pasar la noche en la Zona Velha, aunque de temática algo oscura: un interior en tonos rojo sangre y basalto, y fotos en blanco y negro de isleños famosos en las paredes. De la cocina salen raciones de *espada* (sable negro), atún, conejo, cabra y cordero, y el vino fluye sin cesar. Se aconseja reservar los viernes y sábados noche. (wifi)

Three House Restaurant FUSIÓN €€

12 PLANO P. 78, B2

Fusionar la intensidad de los productos de Madeira con platos internacionales no está al alcance de cualquier restaurador, pero en el sencillo restaurante del hotel Three House, en la parte alta del este de Funchal, se logra con éxito. Al anochecer, se sirven cócteles en la terraza de la azotea, con vistas de 360° de la ciudad. Los fines de semana pinchan DJ. (www.threehouse.com)

Pau de Canela CAFÉ €

13 PLANO P. 78, B3

Pastelería-café de la vieja escuela junto al Mercado dos Lavradores, frecuentada por familias de clase obrera, trabajadores del mercado y alguna paloma, que acuden por sus dulces, tartas, bocadillos y sándwiches preparados en el momento y a buen precio. Lo más caro de la carta cuesta 3 €.

Galeria DE MADEIRA €€

14 PLANO P. 78, C3

El gran número de mesas de la Rua de Santa Maria ha alcanzado una densidad crítica, por lo que la cálida Galeria, de varias plantas, es un remanso de paz para disfrutar de la exquisita cocina local sin estar expuesto a los golpes de la mochila de algún turista apresurado. Los predilectos de pescado y carne de Madeira alternan con *risottos* y otros platos vagamente italianos. (https://galeria-restaurante.com)

The Snug

INTERNACIONAL €

15 PLANO P. 78, B2

Minimalista, moderno e innovador, este bar-cafetería en la entrada del Armazém do Mercado tiene asientos de palé, decoración estacional y un público despreocupado. Es ideal para comer algo tras recorrer los puestos del mercado o para tomar una cerveza el fin de semana, cuando pinchan DJ locales. (wifi)

Santa Maria

INTERNACIONAL €€

6 PLANO P. 78, C3

Pertenece a un gran albergue de la Zona Velha y es un sitio elegante y minimalista donde sirven langosta, hamburguesas de pescado, lapas locales y *sushi*. La barra está hecha de latas de sardinas, las bombillas están desnudas, el personal es eficiente y el patio trasero ofrece un oasis de paz cuando empieza la fiesta en Rua de Santa Maria. (www.santamariafunchal.com; wifi)

Art Food Corner

COCINA SALUDABLE €

17 PLANO P. 78, B3

La cafetería del Caravel Art Center es ideal cuando se está cansado de la pesada comida de Madeira. Los "cuencos" salados y dulces, ricos en nutrientes, son saludables y deliciosos, y también hay *wraps*, sándwiches de *bolo de caco* (pan de patata), sándwiches tostados, té, batidos y cafés, en un entorno

Puertas con arte en la Zona Velha (p. 81).

artístico inseparable de la galería. (www.artcaravel.com)

Dónde beber

Madeira Rum House

BAR

18 PLANO P. 78, D4

Este local de la Zona Velha, que ofrece exclusivamente ron con IGP de Madeira, es mitad museo y mitad templo de la embriaguez artesanal. Se puede asistir a una cata de ron o tomar un combinado del licor de caña de azúcar de la isla, la *poncha*. Una botella es el obsequio perfecto. Solo abre de noche. (www.madeirarumhouse.com)

Venda Velha

BAR

19 PLANO P. 78, D3

Este tremendamente popular bar intenta recrear las tabernas de principios del s. XX, que funcionaban como centros comunitarios en toda la isla. Se centra en variantes de *poncha*, una bebida más alcohólica de lo que se pueda imaginar; basta con llegar después de medianoche para hacerse una idea. (www.facebook.com/vendavelha)

Mercearia da Poncha

BAR

20 PLANO P. 78, D3

Se especializa en *poncha* de Madeira y suele llenar Rua de Santa Maria de bebedores hasta altas horas de la madrugada. El ambiente está garantizado. (www.facebook.com/merceariaponcha)

23 Vintage Bar

DISCOTECA

21 PLANO P. 78, B3

Esta gran disco-bar programa música de entre las décadas de 1960 y 1990, y anima los fines de semana de la Zona Velha. Los viernes por la noche hay tributos nostálgicos a artistas icónicos como Modern Talking, Kylie Minogue, Lenny Kravitz o U2; los sábados son más eclécticos.

Barreirinha Cafe

BAR

22 PLANO P. 78, F4

Un café-bar con espacio solo fuera, sobre el *complexo balnear*, en el margen este de la Zona Velha. Sirven tentempiés y bebidas con el sonido de la salmuera sobre el basalto en cualquier momento del día. Los fines de semana hay DJ y un batiburrillo de turistas maduros y jóvenes modernos de Funchal.

Ocio

Arsenio's

MÚSICA EN DIRECTO

23 PLANO P. 78, D3

El aroma de la parrilla de carbón flota en Rua de Santa Maria procedente de este local, que atrae a paseantes nocturnos a su ajado comedor lleno de encanto, con suelos de basalto, vigas antiguas y sillas de piel. Todos los días (19.00-23.00), la comida se acompaña de fado. Es el mejor sitio de Madeira para disfrutar del género musical característico de Portugal. Hay que reservar para tener buen sitio.

Información privilegiada: Funchal de noche

Restaurante Three House Ideal para arrancar la velada, el restaurante Three House (p. 82) promete buenas vistas y sabrosos manjares. Su oferta gastronómica es impresionante y la carta del chef Mauricio Faria combina ingredientes locales de mercado con sabores del mundo: un auténtico espectáculo culinario. La cálida madera, las irregulares paredes pintadas con arcilla y las frías superficies de piedra ofrecen un placentero entorno. Desde la terraza se divisan soberbias vistas de la ciudad y el mar.

Coctelería de Three House Revisando eventos pasados surgen nombres como Ben Bohmer, Agoria, Tinlicker, Luca Musto, Ten Walls y Parra for Cuva, así como invitados de lujo que incluyen a la élite del mundo de la coctelería. Se podría decir que es el único auténtico bar de cócteles de la isla, en especial por la atención al detalle en cada copa, cada aderezo y cada rincón. Incluso cortan el hielo a medida para cada combinado.

Ambiente marítimo La siguiente parada es el Mini Eco Bar (p. 65), en la Rua da Alfândega, un lugar de encuentro de artistas locales y excelente música de baile, que practica una política respetuosa con el medio ambiente. Para los aficionados a los maratones con un aguante alto, la Avenida Sá Carneiro es la última parada. Marginal es un club de renombre por el que han desfilado célebres artistas portugueses, con la mejor música electrónica.

Recomendado por Filipe Gonçalves, *un DJ de Funchal; se le puede seguir en Instagram: @Phill_me*

Sabor e Fado

MÚSICA EN DIRECTO

24 PLANO P. 78, D3

No es tan ilustre como otros locales de fado y comidas de Funchal, pero sí un sitio íntimo. La carta está llena de carne. La música en directo empieza a las 19.00 y el personal a menudo participa. (https://restaurante-sabor-a-fado.negocio.site)

De compras

Lillie Ceramics

CERÁMICA

25 PLANO P. 78, B3

Moldeada, horneada y esmaltada, la cerámica que se vende aquí luce delicados motivos locales, casi todos florales. El local está a cargo de dos hermanas finlandesas y los precios van desde unos pocos euros a cientos (desde pequeñas tazas hasta enormes platos y jarras en exposición). Organizan envíos. (www.facebook.com/lillieceramics)

Armazém do Mercado MERCADO

26 PLANO P. 78, C3

Exquisitamente reformado por el arquitecto Paulo David, responsable de la Casa das Mudas de Calheta, es una antigua fábrica de bordados y taller mecánico transformado en espacio urbano de comercio para artesanos y negocios locales. Alberga, además, el Museu do Brinquedo (p. 80) y un par de restaurantes modernos. (www.armazemdomercado.com)

Caravel Art Center ARTE Y ARTESANÍA

27 PLANO P. 78, B3

Tras la desaparición de Saudade Madeira, este centro de arte y artesanía de la Zona Velha es el mejor para comprar recuerdos únicos fabricados en la isla. Hay joyas, cuadros, postales, juguetes, ropa y cerámica, aunque esta última, a veces, procede de Portugal continental. La cafetería y las interesantes exposiciones de arte justifican una visita. (www.artcaravel.com)

Cultura tradicional de Madeira

Uno de los muchos alicientes de Madeira es su cultura tradicional, una experiencia de vívidos colores. Hay mucho que ver todo el año en la isla, desde muestras de bordados y danzas folklóricas en las calles de Funchal hasta ferias de alimentación o sesiones de catas en antiguas bodegas.

Desde hace unos años, las danzas folklóricas son cada vez más accesibles, con espectáculos en hoteles y restaurantes. Los bailarines suelen vestirse con trajes tradicionales para la ocasión (pantalones holgados, una camisa blanca y botas de pastor de piel de cabra para hombres; vestidos a rayas tradicionales y blusas blancas para mujeres). Ambos sexos llevan un *carapuça* en la cabeza: un casquete negro puntiagudo. Las canciones van acompañadas por el *rajão* (guitarra) o *braguinha* (una especie de mandolina), un tambor, castañuelas y un *raspadeiro* (un palo con muescas). Los cantantes golpean el suelo con un *brinquinho*, un palo tintineante de campanitas.

El mimbre y el bordado son las dos artesanías tradicionales principales, pero hay otras industrias a menor escala. La elaboración de bisutería ha despegado en los últimos años, con piezas que se venden en puestos del Armazém do Mercado y en el Artesanato da Madeira (p. 68) y el Caravel Art Center.

Bailarines tradicionales de Madeira.

Patrício & Gouveia

REGALOS Y RECUERDOS

28 PLANO P. 78, B2

Es el emporio de la venta de recuerdos con más clase de Funchal, un mundo aparte de los imanes para la nevera con aves del paraíso y las camisetas chinas de la zona hotelera. Esta venerable institución fabrica sus propios bordados, expuestos en un elegante edificio de la concurrida Rua Visconde de Anadia.

Bordal

ARTE Y ARTESANÍA

29 PLANO P. 78, A2

La principal compañía de bordados de Madeira. Su marca, un holograma, es garantía de que el artículo se ha fabricado en la isla. La tienda se especializa en finos tejidos bordados y la fábrica, arriba, ofrece visitas gratuitas. Las mujeres van a diario a recoger y dejar trabajo que terminan en casa. (www.bordal.pt)

Merece la pena

Subir en teleférico a Monte

Posado sobre las alturas de Funchal, este barrio de villas aristocráticas fue el dominio de las familias ricas que preferían las temperaturas estivales más frías que se gozan 500 m por encima de la ciudad. Ahora, es un cúmulo de puntos de interés entre zonas verdes y un aire perfumado y exótico. Deslizarse hacia arriba en el teleférico que sale de la Zona Velha y bajar luego con un carro de cesto es parte de la diversión.

Teleférico desde el jardín botánico y la Zona Velha.

El autobús nº 21 de Horários do Funchal a Largo da Fonte, el nº 22 a Babosas o el nº 48 desde la zona hotelera.

Igreja da Nossa Senhora

Casi 70 escalones de piedra conforman la espectacular subida hasta una de las iglesias más bonitas de Madeira, la Igreja da Nossa Senhora de Monte. Construida tras el terremoto de 1748 que destruyó la original, se alza con una equilibrada simetría barroca. El enorme altar incluye la diminuta estatua de Nuestra Señora, uno de los iconos más venerados de la isla. No obstante, lo más visitado es una capilla lateral, justo a la izquierda al entrar, que alberga la tumba del último emperador austro-húngaro, Carlos I (p. 90).

Hay una exposición gratuita sobre el último Habsburgo, instalada en el centenario de su muerte; al entrar, súbase por la estrecha escalinata a mano izquierda.

Carros de cesto

Ernest Hemingway la describió como la experiencia más estimulante de su vida. Quizá trataba de ser sarcástico, pero la bajada en estos carros de cesto de mimbre y madera (Carreiros do Monte; www.carreirosdomonte.com) hasta Livramento es una vivencia obligada. En otros tiempos, estos *carreiros* no eran más que un medio para transportar mercancía por el paisaje escarpado y sin caminos de Madeira; los *carros de cesto* de Monte son una reliquia de aquellos días. Están hechos con mimbre de Camacha y tienen asientos acolchados para dos personas. Los conductores llevan sombreros de paja con una cinta, camisas blancas, pantalones blancos y zapatos con suelas de goma, que les ayudan a frenar la bajada por el asfalto. Pagar 30 € por apenas 10 min (2 personas) puede parecer demasiado, pero la experiencia es única, aunque quizá no tanto como la describiera Hemingway.

Restos del ferrocarril

El único tren que ha funcionado en Madeira, activo entre 1893 y 1943, fue un servicio de

★ Consejos

- El clima en Monte puede ser muy distinto al de Funchal; conviene llevar un forro polar o una chaqueta.
- Debido a las misas dominicales, la Igreja da Nossa Senhora no abre a los visitantes hasta las 12.30.
- Los carros de cesto de Monte no bajan al centro de la ciudad, sino que terminan en Livramento. Allí se toma el autobús nº 19 cuesta abajo.

Una pausa

Bajo la estación superior del teleférico, el moderno **Land** ofrece hamburguesas, carnes a la parrilla y espléndidas vistas de Funchal y el Atlántico.

El café **Alto Monte** es una apuesta segura si se desea comer platos locales.

El último Habsburgo

Madeira ofrece una parada histórica inesperada: el último acto de una historia centenaria, muy lejos de su escenario principal en el centro de Europa. Como todo monárquico austriaco sabe, en Monte descansa el último monarca Habsburgo, el emperador de Austria y rey de Bohemia y Hungría en el exilio, Carlos I. Pero ¿cómo terminó escribiéndose la última línea de la historia de los Habsburgo, una dinastía que dominó la historia regia europea durante ocho siglos, en una isla del Atlántico?

Tras el magnicidio del archiduque austrohúngaro Francisco Fernando en Sarajevo en 1914, suceso que prendió la mecha de la I Guerra Mundial, Carlos se convirtió en heredero al trono y, cuando el emperador Francisco José murió en noviembre de 1916, ocupó el trono austrohúngaro. Pero para 1918, el Imperio austro-húngaro estaba en ruinas, de las que surgían nuevos países como Checoslovaquia y Hungría. Al declararse la República Austriaca en 1919, Carlos se negó a abdicar y, al no cejar en sus empeños de restauración monárquica, tuvo que huir a Suiza en marzo de ese año.

Tras un par de intentos infructuosos de reclamar el trono húngaro, en noviembre de 1921 los británicos exiliaron a Carlos I y a su esposa a Madeira, lugar desde el que creían improbable que continuara con su empeño. Lo alojaron primero en Villa Victoria, cerca del hotel Reid's Palace, pero la familia se mudó a Monte, a la Quinta do Monte. Sin embargo, el malogrado Habsburgo sufrió un resfriado que derivó en neumonía y murió el 1 de abril de 1922.

Beatificado por el papa Juan Pablo II en el 2004, el cuerpo de Carlos descansa en un féretro sencillo cubierto por una bandera en una capilla lateral de la Igreja da Nossa Senhora de Monte. Durante décadas, se ha hablado de llevarlo a la cripta imperial de Viena, sin resultado. La capilla es un templo para los monárquicos de ese antiguo imperio que buscan el lugar donde la historia de los Habsburgo llegó a su inverosímil pero definitivo final. Un ejemplo es la "coronación" de Carlos I como rey de Bohemia en abril del 2022 por peregrinos checos: una réplica de la corona de san Wenceslao descansa ahora sobre la tumba.

cremallera y piñón que ascendía 4 km desde el centro hasta Monte y luego a Terreiro da Luta. El tren, de un solo vagón, era una gran atracción turística, como ahora lo es el teleférico. No obstante, un par de accidentes y la bancarrota pusieron fin al servicio. Lo que queda de esos días son la Via do Comboio (calle del Tren), casi recta, que sigue la ruta de las vías, un viaducto ferroviario en Monte al salir de Largo da Fonte y la estación de trenes reformada de Monte, abandonada en el rincón de la plaza junto a la carretera.

Jardines tropicales Monte Palace

En toda visita a Monte no puede faltar un paseo por los jardines tropicales Monte Palace (www.montepalace.com). Se trata del antiguo hotel que ocupara la otrora residencia privada del cónsul británico, Charles Murray, a finales del s. XVIII. A finales de la década de 1980 lo adquirió el empresario local José Berardo, que lo transformó en una atracción turística llenando los terrenos de fuentes, grutas, esculturas y mucha vegetación exótica.

Teleféricos

La mejor forma de llegar a Monte es subir al teleférico (www.madeiracablecar.com) en la Zona Velha, un gran proyecto de ingeniería concluido en el 2000. El trayecto de 20 min por encima de los tejados rojos, plataneros y profundas gargantas de Funchal es una experiencia inolvidable, que lleva por encima de las nubes bajas que envuelven las laderas montañosas de Madeira, aunque poco recomendaba para quienes sufran vértigo. Las cabinas balanceantes dejan a los usuarios en Babosas, a un paseo de los puntos de interés de Monte. Cerca hay otro teleférico menos frecuentado que lleva hasta el jardín botánico.

Jardines tropicales Monte Palace.

Explorar

Costa norte

La escabrosa costa norte parece un mundo aparte respecto al sur soleado: los acantilados se alzan en vertical desde el furioso Atlántico, que golpea la isla con toda su fuerza. Hay tres atractivos pueblos, Santana, São Vicente y Porto Moniz, que se pueden visitar en una excursión de un día desde Funchal. Hay que tener en cuenta que, aunque el sur esté soleado, el aire húmedo del norte quizá haga necesario un jersey.

Lo esencial

- ***Playa de Seixal (p. 95)*** *Bañarse en la playa más espectacular de la isla principal.*
- ***Grutas e Centro do Vulcanismo (p. 95)*** *Las cuevas volcánicas de São Vicente y el centro de ciencias adjunto.*
- ***Aquário da Madeira (p. 95)*** *Este acuario en un antiguo fuerte permite descubrir las especies que pueblan el Atlántico.*
- ***'Piscinas naturais' (p. 95)*** *Las famosas piscinas rocosas de Porto Moniz son perfectas para un chapuzón.*
- ***Cachelote (p. 97)*** *Una cena en medio de las piscinas de roca volcánica de Porto Moniz.*

Cómo llegar y desplazarse

Dos líneas de autobuses cubren la costa norte desde Funchal: Rodoeste (www.rodoeste.com.pt) y Horários do Funchal (www.horariosdofunchal.pt).

Plano de la zona en p. 94.

Porto da Cruz (p. 95).

A
B
C
D
E
F
1
2
3
4
0
10 km
Reseñas en:
Puntos de interés p. 95
Dónde comer p. 96
Dónde beber p. 99
De compras p. 99
OCÉANO ATLÁNTICO
Piscinas Naturais
3
Aquário da Madeira
5
Porto Moniz
ER101
Ribeira da Janela
Carretera de la costa norte
9
VE2
Seixal
Playa de Seixal
1
Ponta Delgada
14
16
17
São Vicente
2
Grutas e Centro do Vulcanismo
ER104
ER110
Puerto de montaña de Encumeada
Serra de Água
Ruinas de São Jorge
6
11
ER101
8
Casas triangulares
Santana
10
15
Parque Temático da Madeira
12
Parque forestal de Queimadas
Pico Ruivo (1862m)
Pico do Arieiro (1818m)
Ribeiro Frio
Faial
13
Engenhos do Norte
7
Porto da Cruz
4

Puntos de interés

Playa de Seixal

PLAYA

1 PLANO P. 94, B2

La maravillosa playa de arena negra de Seixal fue declarada en el 2022 la tercera mejor playa de Europa en el European Best Destinations (Porto Santo fue la primera; no está mal para un archipiélago que no es famoso por sus playas). Desplegar la toalla en la arena negra y contemplar el vaivén de las olas entre los acantilados es un placer. Los alumnos de la escuela de surf local amenizan la visita.

Grutas e Centro do Vulcanismo

CUEVA

2 PLANO P. 94, C3

Es la atracción principal de la costa norte, al sur de São Vicente. Se comienza con una visita guiada a unas cuevas con canales de lava de 900 000 años descubiertas por el geólogo inglés James Johnson en la década de 1850. Luego se visita el Centro do Vulcanismo, una mirada interactiva en 3D al origen volcánico de Madeira. Es todo un éxito entre los niños y una excelente actividad para los días de lluvia. (www.grutasecentrodovulcanismosaovicente.com; 👪)

'Piscinas naturais'

BAÑO

3 PLANO P. 94, A1

Pozas naturales de roca volcánica (con algún retoque de cemento aquí y allá) en ambos extremos del paseo marítimo de Porto Moniz. Las cercanas al restaurante Cachalote (p. 97) son completamente naturales, gratuitas y menos afectadas por las olas altas. En las del otro lado hay que pagar y son un poco más tranquilas, pero se desbordan en cuanto el Atlántico se embravece mínimamente.

Porto da Cruz

PUEBLO

4 PLANO P. 94, F3

Es el punto más oriental al que se puede llegar en la costa norte antes de que unos acantilados gigantescos obliguen a la carretera a girar tierra adentro. Es un espacio pintoresco, en la base de unos bancales de pronunciada pendiente. Se recomienda visitar la fábrica de ron e ir de compras antes de cenar en el paseo marítimo, con espléndidas vistas.

Aquário da Madeira

ACUARIO

5 PLANO P. 94, A1

El mejor acuario de Madeira está oculto, cual cangrejo ermitaño, en una fortaleza de piedra reformada. Dentro, 12 tanques reproducen hábitats oceánicos de Madeira. El más grande contiene 500 000 l de agua. Aquí se puede ver todo el vistoso mundo submarino del litoral circundante, aunque la mayoría de los visitantes centra su atención en los tiburones del acuario grande. (👪)

Ruinas de São Jorge

PLAYA

6 PLANO P. 94, E2

Este bello paraje de la costa norte sería desconocido de no ser por

Noches norteñas

Solo Santana, São Vicente y Porto Moniz cuentan con algo de vida nocturna. De hecho, quienes pernoctan en la costa norte buscan la paz y tranquilidad que ofrecen aquí las noches.

el fotogénico arco de piedra que da acceso a la playa rocosa, unos kilómetros al noreste de São Jorge. Cerca hay una piscina y dos cafeterías, o se puede subir por los escarpados senderos del acantilado que bordean la bahía para contemplar los paisajes costeros.

Engenhos do Norte DESTILERÍA

7 PLANO P. 94, F3

En Porto da Cruz se encuentra esta destilería de ron, en la que se puede ver el equipo de molienda y destilación de la caña antes de pasar a la degustación y compra. La mayor parte del ron IGP de Madeira se elabora en esta fábrica utilizando exclusivamente caña procedente de las 172 Ha que todavía ocupan las azucareras de la isla. También produce excelentes melazas. (www.engenhosdonorte.com)

Casas triangulares ARQUITECTURA

8 PLANO P. 94, E3

En el centro de Santana se ubica este grupo de típicas casitas en forma de A, que incluye la oficina de turismo y algunas tiendas dignas de visitarse. En los jardines de Santana hay más casas antiguas en diferentes condiciones de deterioro.

Carretera de la costa norte PUNTO DE INTERÉS

9 PLANO P. 94, A2

La carretera 101 era una pesadilla para todos los conductores de la isla hasta que fue sustituida por la moderna VE2. Pese a ello, era la ruta más espectacular y panorámica: un estrecho carril de asfalto aferrado al pie de los acantilados y bañado por las cascadas que caen desde lo alto y por las olas que baten desde el mar. Algunos tramos (la ida hacia Porto Moniz, normalmente señalizada "Antiga ER 101") siguen abiertos.

Parque Temático da Madeira PARQUE DE ATRACCIONES

10 PLANO P. 94, E3

Un espacio encantador para los niños, con un lago navegable, un laberinto, un tren, copias de casas triangulares de Santana, una amplia zona de juegos infantil, junto con muestras sobre Madeira y un café. Es bastante informativo, pero probablemente por sí solo no merece la excursión desde Funchal. (www.parquetematicodamadeira.pt; 👪)

Dónde comer

Quinta do Furão INTERNACIONAL €€

11 PLANO P. 94, E2

Excelente hotel-restaurante rural con estilo en la costa norte. Sirven platos imaginativos, como crema de sopa de remolacha con castañas confitadas, fuagrás infusionado en vino de Madeira y codorniz marinada en melaza de caña de azúcar, que mezclan la familiaridad internacional con un toque de la Macaronesia exótica. Se puede comer en el interior o en la terraza, que ofrece impresionantes vistas del litoral.

Está 2,9 km al norte del centro de Santana; para llegar hay que disponer de transporte propio o tomar un taxi. (www.quintadofurao.com; wifi)

Vila Bela

DE MADEIRA €€

El restaurante del hotel Vila Bela goza de una privilegiada ubicación frente al mar en la costa norte (véase 4 plano p. 94, F3), con mesas situadas casi al alcance de las olas y espléndidas vistas de los acantilados desde el paseo marítimo. La carta es típicamente madeirense: se recomiendan la sopa de tomate, las lapas y el postre de fruta de la pasión, y para terminar unas cervezas Coral con soberbias vistas. (www.vila-bela.com)

Cachelote

DE MADEIRA €€

La "Ballena", que existe desde finales de los años sesenta, se ha ganado el título de restaurante con la ubicación más alocada de Madeira, incrustado en la roca volcánica del paseo marítimo de Porto Moniz, que recibe alguna que otra furiosa ola del Atlántico (véase 5 plano p. 94, A1). En el interior hay una exposición sobre el pasado ballenero y agrícola de la ciudad, y después se llega al comedor, donde se sirven platos de lapas y *espada* con plátano. (www.restaurantecachalote.com)

Porto Moniz (p. 95).

A Pipa.

Cantinho da Serra DE MADEIRA €€

12 PLANO P. 94, E3

A 5 minutos en coche de Santana en dirección a Achada do Teixeira, esta posada rústica ofrece un acogedor entorno con chimeneas de leña, comida tradicional de Madeira y decoración campestre. El menú apuesta por platos contundentes de carne, como cordero, cabrito, conejo y ternera. La mayoría de los vinos son de la península. (www.facebook.com/cantinhoserrasantana)

A Pipa DE MADEIRA €€

El lugar más popular de Porto da Cruz es este antiguo pub con vigas de madera y bloques de basalto, en una calle lateral cercana a la destilería de ron (véase 4 plano p. 94, F3). Si hay mesa, se recomienda disfrutar de generosas raciones de marisco, pescado y platos de carne de Madeira a buen precio; además hay sándwiches y otros tentempiés.

Restaurante Grutas DE MADEIRA $$

13 PLANO P. 94, F3

Este bar-restaurante, uno de los dos únicos de la isla ubicados en cuevas, sirve especialidades locales e internacionales en la ruta de Faial hacia el sur. Es una parada recomendable tras un día en las montañas y un lugar poco común para cenar. ()

Quebra Mar DE MADEIRA €€

14 PLANO P. 94, C3

En el paseo marítimo de São Vicente, el mejor restaurante de la ciudad ofrece vistas de 360° de la costa y el paisaje marino (el comedor gira muy lentamente), además de carne y pescado. La carta se centra en los pilares de Madeira, como *espada*, *espetada* (brochetas de carne a la parrilla), atún y guiso de pescado. De postre, se aconseja el *pudim de veludo* (parecido al flan). (www.restaurantequebramar.com;)

Estrela do Norte
DE MADEIRA €€

15 PLANO P. 94, F3

Tiene espacio para 145 comensales en mesas de disposición formal, si bien algo apretadas. Ofrece los platos tradicionales de la cocina isleña: *espada* con plátano, *espetada* y cerdo marinado. Para variar de la cocina regional, hay buenas *pizzas* y especialidades de la casa.

En el caso de que el viajero prolongue su estancia, el acogedor bar es ideal para pasar el rato en las frías noches norteñas.

Churrascaria Caldeirão Verde
PORTUGUESA €

Los más sibaritas rehuirán este humeante asador local (véase 15 plano p. 94, F3), aunque es ideal para juntarse con otras familias de excursión, trabajadores forestales y agentes de policía de Santana frente a parrilladas de carne a buen precio y tintos portugueses. Dispensan una cordial acogida.

Dónde beber

Porto de Abrigo
BAR DE VINOS

16 PLANO P. 94, C3

Este antiguo almacén de piedra, un retazo de historia en el paseo marítimo de São Vicente, se ha transformado en un acogedor bar de vinos, con suelo de guijarros, una antigua prensa de vino y un montón de cachivaches de vinicultura. Se puede disfrutar de una cata de vinos o simplemente refugiarse de las olas del Atlántico con una buena copa. (www.facebook.com/portodeabrigo2017)

O Corvo
PUB

17 PLANO P. 94, C3

Saborear una cerveza Coral, una *poncha* afrutada o una comida sencilla bajo los arcos de basalto de este céntrico bar cercano a la iglesia. Atrae a un público heterogéneo de expatriados, autóctonos y visitantes, aunque solo se puede estar de pie, dentro o en las terrazas. (www.facebook.com/PubOCorvo)

De compras

Friends Of 4 Patinhas
VINTAGE

Esta tienda benéfica (véase 17 plano p. 94, C3) pertenece a una organización de São Vicente que paga las facturas del veterinario a los vecinos pobres y envía perros callejeros a Alemania. Venden un sinfín de baratijas que han dejado los expatriados que se marchan, como libros en inglés. (www.facebook.com/Friendsof4PatinhasSV)

Explorar
Este de Madeira

Al margen de Funchal, el este Madeira es la zona más poblada de la isla. Aquí se encuentran Machico, la segunda ciudad y antigua capital; el principal puerto, Caniçal; y el aeropuerto, construido en parte sobre grandes pilares. Se trata de una región muy activa, con parques acuáticos, arena dorada y vistas geniales, todo a un paseo en coche de Funchal por la Via Rápida.

Lo esencial

- ***Museu da Baleia (p. 102)*** *El mejor museo del mundo dedicado a la ballena y la industria ballenera.*
- ***Praia de Machico (p. 107)*** *Nada mejor que un bronceado en la playa artificial de Machico.*
- ***Prainha (p. 107)*** *La idílica y tranquila playa de arena negra del este.*
- ***Ponta de São Lourenço (p. 104)*** *Soleada península oriental con rutas de senderismo.*
- ***Cristo Rei (p. 107)*** *Disfrutar de Río en miniatura desde la espectacular estatua de Jesús contemplando el Atlántico.*

Cómo llegar y desplazarse

El autobús de SAM nº 113 enlaza Funchal con Caniço, Santa Cruz, el aeropuerto, Machico, Caniçal y Baía d'Abra. Hay también un aerobús que enlaza el aeropuerto con el centro de Funchal y la zona hotelera.

Plano de la zona en p. 106.

Machico (p. 107).
BALATE DORIN/SHUTTERSTOCK ©

Las mejores experiencias

Sumergirse en el mundo de las ballenas en el Museu da Baleia

Durante cuatro décadas, Caniçal fue el centro de la industria ballenera de Madeira. Las ballenas se arrastraban a la costa, se troceaban y se procesaban para exportarse. La industria cesó en los años ochenta, cuando la demanda de productos balleneros decayó ante la preocupación por su conservación. Su legado es este enorme museo.

PLANO P. 106, D2

www.museudabaleia.org

Cuarenta años de caza de ballenas

El museo de la ballena de Caniçal, antaño una exposición menor en un pequeño edificio frente al mar, se trasladó en el 2012 a un gran complejo ultramoderno millonario, convirtiéndose quizá en el mayor museo del mundo sobre el tema. La primera sala aborda la industria ballenera de Madeira desde sus inicios, con largas embarcaciones y torres de vigilancia, hasta su desaparición a principios de la década de 1980, cuando la opinión mundial cambió tras la moratoria de la Comisión Ballenera Internacional sobre la caza comercial de ballenas, anunciada en 1982 e implementada en 1986. A un lado, un pequeño cine proyecta en bucle una película sobre la industria, con sangrientas imágenes de la caza y desmembramiento de los animales en la costa.

Cetáceos en abundancia

La segunda gran sala del museo está dedicada a ballenas, focas y otros animales marinos, y los niños la adoran, pues es interactiva y en 3D. Aquí es posible sumergirse en las profundidades a bordo de un submarino, descubrir la anatomía de una ballena, admirar los monstruosos modelos a tamaño real de varios cetáceos que cuelgan del techo y conocer sus ciclos vitales. Se necesita un buen rato para visitarlo.

'Scrimshaw' y Gregory Peck

A excepción del enorme museo frente al mar, es imposible saber que el principal puerto de carga de Madeira tuvo alguna vez una industria ballenera. Sin embargo, un destartalado quiosco del paseo marítimo alberga un pequeño vestigio de su legado: el antiguo *scrimshaw* o talla de hueso de ballena. Aquí se pueden comprar auténticas obras de arte talladas en hueso blanco, cuyo alto precio es comprensible, ya que la última ballena fue cazada en 1981. Otro legado eterno de la industria ballenera de Madeira es la película *Moby Dick* de 1956, protagonizada por Gregory Peck y rodada en Caniçal.

★ Consejos

- El precio de la entrada incluye una audioguía aburrida, pero muy ilustrativa.
- Esta es una de las mejores actividades para un día lluvioso si se viaja con niños.
- Hay mucho sitio para aparcar fuera.

Una pausa

La cafetería del museo sirve café y pasteles en una terraza con vistas al Atlántico. Para algo más sustancioso, se recomienda el **Aquarium** en el paseo marítimo de Caniçal.

Circuito a pie

Ponta de São Lourenço

Esta ruta costera lleva a los senderistas hasta el extremo más oriental de Madeira, la península de Ponta de São Lourenço. El serpenteante sendero que recorre esta zona, con montones de subidas y bajadas, y nada de sombra, difiere mucho de los famosos caminos de levadas. *La falta de vegetación hace que nada se interponga en las vistas del Atlántico, impactantes en algunos puntos.*

Datos

Inicio y final Aparcamiento de Baía d'Abra

Distancia 8 km; 4 h

❶ Baía d'Abra

Los autobuses y taxis dejan a los senderistas en el aparcamiento de Baía d'Abra, donde hay un mapa de la ruta (PR8) y poco más. En ocasiones, se ven puestos de refrescos, pero se suelen montar por la tarde.

❷ Un chapuzón

Pasados 15-20 min se llega a un cruce de caminos. Hay que girar a la derecha y continuar por el camino irregular que lleva a una playa muy apartada, ideal para darse un chapuzón. Por la mañana, no habrá más que esto y las vistas de las islas Desiertas.

❸ Rocas "caballito de mar"

Subiendo desde la playa, se sigue recto hasta que el camino acaba en unas vistas de postal: las rocas "caballito de mar", unos trozos varados de roca volcánica enormes que el agitado Atlántico separó antaño del peñasco original. Los rojos y grises de las rocas contrastan fotogénicamente con el blanco de las olas.

❹ ¿Izquierda o derecha?

Al principio o final del circuito que recorre la última zona accesible de la península, hay un panel informativo con detalles sobre la zona protegida por la que se está pasando. No importa el camino que se tome, pues este será siempre el punto final. En este caso, se toma el de la izquierda.

❺ Cais do Sardinha

Manuel Bettencourt Sardinha construyó este bonito oasis tropical en 1905 como casa vacacional, y su nieta la vendió al gobierno regional en 1996. Ahora es el centro de recepción de la zona protegida. Las mesas de pícnic son perfectas para almorzar.

❻ Morro do Furado

Detrás de Cais do Sardinha se alza el Morro do Furado, una enorme ladera que marca el final de la zona accesible de la península. Cuesta un poco llegar a la cima, pues el terreno es frágil y resbaladizo, pero la panorámica del Atlántico es magnífica.

❼ Muelle y playa

Al dar la vuelta y pasar por el puesto de observación de aves, hay un sendero corto que baja hasta un muelle pequeño y una playa, solitaria incluso cuando el sendero está muy transitado, donde se puede nadar y bucear. Desde aquí, hay que desandar la ruta para volver a Baía d'Abra.

Reseñas en:
Las mejores experiencias p. 102
Puntos de interés p. 107
Dónde comer p. 109
De compras p. 111
A
B
C
D
E
F
1
2
3
4
0 5 km
6
Porto da Cruz
Portela
Ribeiro Frio
ER103
Poiso
Ponta de São Lourenço
1 Prainha
Caniçal
ER109
Museu da Baleia
2 Pico do Facho
Véase ampliación
Machico
OCÉANO ATLÁNTICO
ER102
Santa Cruz
8 Aeropuerto internacional Cristiano Ronaldo
9 Aquaparque Santa Cruz
19
Monte
Camacha
14 Fábrica de mimbre de Camacha
Via Rápida
Via Rápida
Caniço
18
15
Caniço de Baixo
Funchal
Garajau
7 Praia de Garajau
5 Cristo Rei
10 Complexo Balnear Lido Galomar
Machico
20
R do Senhor dos Milagres
13 Capela dos Milagres
Igreja de Nossa Senhora da Conceição 12
17 Madeira Outdoor
4 Praia de Machico
R do Mercado
3
11
16
Forte de Nossa Senhora do Amparo
Largo da Praça
0 200 m
OCÉANO ATLÁNTICO

Puntos de interés

Prainha PLAYA

1 PLANO P. 106, E1

Esta pequeña franja de arena cerca de Caniçal quizá sea la mejor playa natural al este de Funchal. En un enclave soleado, aislado y muy romántico, forma un arco natural de arena negra, resguardado por acantilados, con un sencillo café. Con la pleamar, el agua llega hasta las rocas y cubre toda la arena: hay que llegar temprano para hacerse con un sitio. Hay una zona de aparcamiento en la cima del acantilado y los autobuses de Caniçal paran si se les avisa.

Pico do Facho MIRADOR

2 PLANO P. 106, D2

Cuando el viajero se canse de estar tumbado al sol en la playa de Machico, el Pico do Facho, que se eleva sobre la ciudad hacia el norte, es una excelente alternativa para pasar la tarde. En coche, hay que tomar la ER109 hacia el antiguo túnel en dirección a Caniçal, girar a la derecha justo antes de entrar en él y subir a pie por el sendero hasta la cima. Las vistas de Machico y el aeropuerto en un lado, y del inmenso Atlántico en el otro, son espectaculares. Hay también un puesto de refrescos permanente, una zona de barbacoa y muchos gatos como compañía.

Madeira Outdoor ACTIVIDADES AL AIRE LIBRE

3 PLANO P. 106, E4

Magnífico operador turístico con sede en Machico especializado en todo tipo de actividades al aire libre, desde la observación de aves y paseos por *levadas* hasta excursiones por la costa y surf. Es también la mejor agencia para hacer barranquismo por el interior montañoso. (www.madeiraoutdoor.com)

Praia de Machico PLAYA

4 PLANO P. 106, F3

La mejor playa artificial de Madeira, con una suave pendiente bañada por el sol y protegida por dos rompeolas artificiales, fue creada con arena traída de Marruecos. Hay baños, duchas, una pista de voleibol y varios sitios para comer cerca desde donde se ve planear a los aviones por la boca de la bahía.

Cristo Rei ESTATUA

5 PLANO P. 106, B4

El pueblo de Garajau pende de la cara de un acantilado, a 6 km a vuelo de pájaro del centro de Funchal. En un promontorio ventoso por debajo del pueblo está el *Cristo Rei*, una versión en miniatura de finales de los años veinte del Cristo Redentor de Río de Janeiro, con los brazos extendidos y los ojos fijos en el azul infinito del Atlántico.

Mirador de Guindaste MIRADOR

6 PLANO P. 106, B1

Al norte de Faial se encuentra la última atracción construida en la costa de Madeira: el mirador de Guindaste. Dos pasarelas con suelo de cristal asoman audaces desde lo alto del acantilado y ofrecen vistas de infarto del oleaje y las paredes rocosas que se abren a ambos lados. Instalado a finales del 2022, tuvo un éxito instantáneo.

Praia de Garajau PLAYA

7 PLANO P. 106, B4

A los pies del acantilado sobre el que se sitúa la estatua de Cristo Rei, esta playa de piedra se usó en el pasado para descuartizar y cocer las ballenas capturadas en las costas de Madeira. Ahora hay un complejo de ocio, con restaurante y otras instalaciones a las que se llega en teleférico (cerca de la estatua) o por una carretera muy larga en zigzag.

Cristo Rei (p. 107).

MARKOFF.LT/SHUTTERSTOCK ©

Aeropuerto internacional Cristiano Ronaldo PUNTO DE INTERÉS

8 PLANO P. 106, C3

Pocos aeropuertos pueden considerarse de interés, pero la pista de Madeira, sobre pilotes que se hunden en el Atlántico y rodeada por las montañas, sin duda lo es. Desde Santa Cruz, hay que subir por la ER207, que va más allá de la pista y ofrece unas vistas geniales de los aviones haciendo la delicada maniobra de aproximación para aterrizar. Se pueden ver también desde el aeropuerto mientras se espera el vuelo.

Otra singularidad, aunque afirmarlo sea un tanto aventurado, es que se trata del único aeropuerto del mundo con el nombre de una persona viva. (www.ana.pt)

Aquaparque Santa Cruz PARQUE ACUÁTICO

9 PLANO P. 106, C3

El único parque acuático de Madeira, en una quebrada al suroeste de Santa Cruz, es un recinto bastante modesto. Pese a los horarios anunciados, solo funciona en los meses más calurosos del verano, julio y agosto. (www.aquamadeira.com)

Complexo Balnear Lido Galomar
PLAYA

10 PLANO P. 106, B4

Hay que bajar en ascensor desde el Hotel Galomar de Caniço de Baixo para descubrir esta zona de baño apartada y soleada con acceso al mar, a las piscinas y a un restaurante de primera. (www.galoresort.com)

Forte de Nossa Senhora do Amparo
FORTALEZA

11 PLANO P. 106, E4

La fortaleza triangular de color ocre del paseo marítimo de Machico data de 1706 y fue construida para proteger la ciudad de los piratas. No hay mucho que ver en ella, salvo algunos viejos cañones. Antaño una oficina de turismo, hoy acoge la oficina del eurodiputado local.

Igreja de Nossa Senhora Conceição
IGLESIA

12 PLANO P. 106, E3

La iglesia principal de Machico es una de las más grandes de la isla, lo cual refleja su anterior papel como capital de Madeira. El interior, mohoso y anticuado, cuenta con ornamentos barrocos, pero, curiosamente, carece de azulejos.

Capela dos Milagres
CAPILLA

13 PLANO P. 106, E3

Machico tiene tres iglesias, pero la más famosa es la preciosa capilla de los Milagros, al norte del río. Desapareció en la inundación de 1803 y una galera estadounidense encontró el crucifijo meciéndose en el Atlántico. Los lugareños lo consideraron un milagro, de ahí su nombre.

La leyenda de Machin

Según algunos, Machico viene de Robert Machin, un mercader de Bristol del s. XIV cuyo buque terminó arrastrado hasta aquí tras fugarse con su amada Anne de Hertford. Se supone que el descubridor de Madeira, el capitán Zarco, se encontró sus tumbas al desembarcar.

Fábrica de mimbre de Camacha
FÁBRICA

14 PLANO P. 106, B3

Camacha es el epicentro de la industria del mimbre de Madeira, lo que hasta hace poco se mostraba en el edificio O Relógio (El Reloj), en el centro del pueblo. Por diversas razones, el taller, el emporio del mimbre y la cafetería estaban cerrados cuando se escribió esta guía, pero seguramente reabrirán más adelante. Se recomienda preguntar en la oficina de turismo de Funchal antes de visitar Camacha, ya que aquí no hay mucho más.

Dónde comer

La Perla
INTERNACIONAL €€€

15 PLANO P. 106, B4

Este restaurante *gourmet*, sito en una mansión original del s. XIX, la Quinta Splendida (www.quintasplendida.com), sirve la comida más exquisita de esta costa. Dispone de tres salas donde disfrutar de un menú de temporada; los platos flambeados son su especialidad. Para el postre, se recomiendan las crepes Suzette, flambeadas con Grand Marnier y salsa de naranja. (www.quintasplendida.com)

Atlantis

DE MADEIRA **€€**

(véase 10 plano p. 106, B4) Tiene el nombre perfecto: parece que se eleva sobre el oleaje como la Atlántida, sujeta al acantilado sobre la playa soleada que hay bajo el Galomar Hotel. Dentro tiene fornidos asientos de mimbre y una terraza sobre las olas rompientes del Atlántico. Se podría esperar una carta solo de mariscos, pero preparan carne y platos inusuales en la isla, como pato. No se permiten bañadores a partir de las 19.00. (www.facebook.com/AtlantisRestaurante;)

Maré Alta

MARISCO **€€**

16 PLANO P. 106, F4

En un cubo de cristal frente al mar, a pocos metros de las olas, está la mejor marisquería de Machico. Todos los habitantes de las aguas de Madeira, y algunos de otras partes, nadan por su carta, que incluye lapas del lugar, atún, *espada*, pulpo y moluscos importados. (www.facebook.com/marealtapeixemariscos)

Mercado Velho

DE MADEIRA **€€**

17 PLANO P. 106, E3

En el viejo edificio del mercado, es un sitio veterano, a espaldas del paseo marítimo, con una zona

La creación y el descubrimiento de Madeira

Estudios recientes han demostrado que Madeira solo tiene siete millones de años, y que se formó por la actividad volcánica que empujó una masa de roca y lava a través de las agitadas aguas del Atlántico. Probablemente no haya sido habitada nunca por indígenas, pasando milenios ajena a la raza humana.

Entonces, ¿quién llegó primero a Madeira? Los libros de historia portugueses afirman que fue el capitán João Gonçalves Zarco, enviado en 1419 y de nuevo en 1420 por el príncipe Enrique el Navegante, que actuó siguiendo una corazonada. Sin embargo, un mapa de los Médicis de 1351 ya mostraba el archipiélago de Madeira y es posible que incluso los romanos lo conocieran: Plinio el Viejo menciona las islas en su *Historia Natural*. Pero fueron Zarco y otros quienes realmente impulsaron la historia humana de Madeira y Porto Santo. Zarco se convirtió en gobernador de la mitad de la isla (Tristão Vaz Teixeira se quedó con la otra mitad) y fundó Funchal, que sustituyó a Machico como capital.

Machico (p. 107).

exterior preciosa en torno a las antiguas piletas del mercado, además de un comedor interior más formal. La ecléctica carta incluye carne y pescado, además de pasta, sopas y ensaladas.

A Central

PORTUGUESA €€

18 PLANO P. 106, B4

Esta *churrascaria* del centro de Caniço desprende un aroma ahumado. Ofrece carne y pescado hechos con pericia a la barbacoa sobre leña de acacia y servidos con ensalada y vino. El *rodizio brasileiro*, 14 tipos de pinchos de carne, es el sueño de todo carnívoro.

Boca de Panela

MARISCO €€

19 PLANO P. 106, C3

Este edificio de la década del 2000 es quizá el mejor lugar para cenar en Santa Cruz. Gracias a sus ventanales acristalados, ofrece vistas del océano, así como de los aviones que descienden hacia el vecino aeropuerto (p. 108). La carta combina marisco local e importado, y el servicio es atento.

De compras

Casa das Bordadeiras de Machico

ARTE Y ARTESANÍA

20 PLANO P. 106, D3

Esta pequeña tienda y taller, integrante de una cooperativa local, vende bordados auténticos de elaboración local. Sus horarios son algo erráticos. Está 10 min a pie al suroeste de la estación de autobuses. (www.facebook.com/casadasbordadeiras)

Circuito a pie

Recorrer el este de Madeira

Esta ruta, con continuas subidas y bajadas por la mitad oriental de Madeira, pasa por magníficos paisajes montañosos, aletargados pueblos costeros y estupendos sitios para probar comida autóctona, desde truchas de río hasta lapas marinas. Conviene disponer de vehículo propio, para pasar el tiempo que se desee en cada sitio.

Datos

Inicio Monte

Final Caniço de Baixo

Distancia 86 km; 5 h

❶ Monte

Quizá se hayan visto ya las atracciones de Monte, pero la segunda visita será distinta. A 500 m sobre el nivel del mar, el clima de Madeira puede cambiar radicalmente, envolviendo la **Igreja da Nossa Senhora** (p. 89) en niebla o bañándola de sol.

❷ Casa de Abrigo do Poiso

Desde Monte, el camino al norte, a Poiso, es casi vertical. Allí está la acogedora posada Casa de Abrigo do Poiso (p. 139) en el desvío al Pico do Arieiro. Es un sitio agradable para un tentempié a media mañana.

❸ Pico do Arieiro

La subida al Pico do Arieiro va mucho más allá de la línea de árboles y termina en una estación de radar, un café, una tienda de recuerdos y un aparcamiento en pendiente en torno a la cima. Los días despejados, las vistas son estupendas.

❹ Ribeiro Frio

El único modo de salir del Pico do Arieiro es bajar de vuelta a Poiso, desde donde se llega al fresco pueblo de Ribeiro Frio tras unos 15 min de subidas y bajadas. Los restaurantes sirven truchas de la zona, que se pueden ver en la **granja de truchas** (p. 138).

❺ Faial

Apiñado bajo la Penha D'Águia, una enorme masa de roca que se alza 600 m casi en vertical desde el Atlántico, está el pintoresco pueblo de Faial, en la costa norte, un lugar aletargado y poco turístico con una iglesia preciosa, un restaurante decente y un espectacular mirador en **Guindaste** (p. 108).

❻ Machico

Por una carretera rápida a través de varios túneles, se llega a la animada Machico, la segunda ciudad de Madeira, antigua capital y lugar donde desembarcó el explorador Zarco para reclamar la isla para la Corona portuguesa. Tiene varios sitios de interés, una playa artificial y buenos restaurantes.

❼ Santa Cruz

Situado al final de la pista del aeropuerto, lo más memorable de Santa Cruz es ver los aviones planeando a baja altura sobre la playa rocosa para aterrizar.

❽ Caniço

Caniço tiene un diminuto centro histórico con una iglesia atractiva y los jardines de la Quinta Splendida. Bajando se llega al más tranquilo Caniço de Baixo, donde ver el atardecer desde la zona de baño y el solárium del **Complexo Balnear Lido Galomar** (p. 109).

Explorar

Oeste de Madeira

Al oeste de Funchal es donde más brilla el sol en Madeira, con días largos llenos de luz, puestas de sol alucinantes, campos de plátanos y uvas de malvasía madurando en el cálido estío. Por la lenta carretera que va al oeste, variada y paisajística, hay mucho que ver y hacer, desde las tradiciones pesqueras de Câmara de Lobos hasta el arte vanguardista de Calheta.

Lo esencial

- ***Cabo Girão (p. 117)*** *Un mirador con suelo de cristal que cuelga de un acantilado a 580 m de altura.*
- ***Museu Etnográfico da Madeira (p. 117)*** *Aborda todos los aspectos de la cultura tradicional isleña.*
- ***Paúl do Mar (p. 117)*** *Pueblo surfista en la costa oeste con bonitas calles para pasear.*
- ***Mudas Museu (p. 117)*** *La principal atracción de Calheta cuenta con una reseñable arquitectura.*

Cómo llegar y desplazarse

Rodoeste (www.rodoeste.com.pt) cubre todos los servicios en autobús al oeste de Funchal. La mayoría pasa por Câmara de Lobos, pero otras localidades solo cuentan con un par de buses al día.

Plano de la zona en p. 116.

Cabo Girão (p. 117).

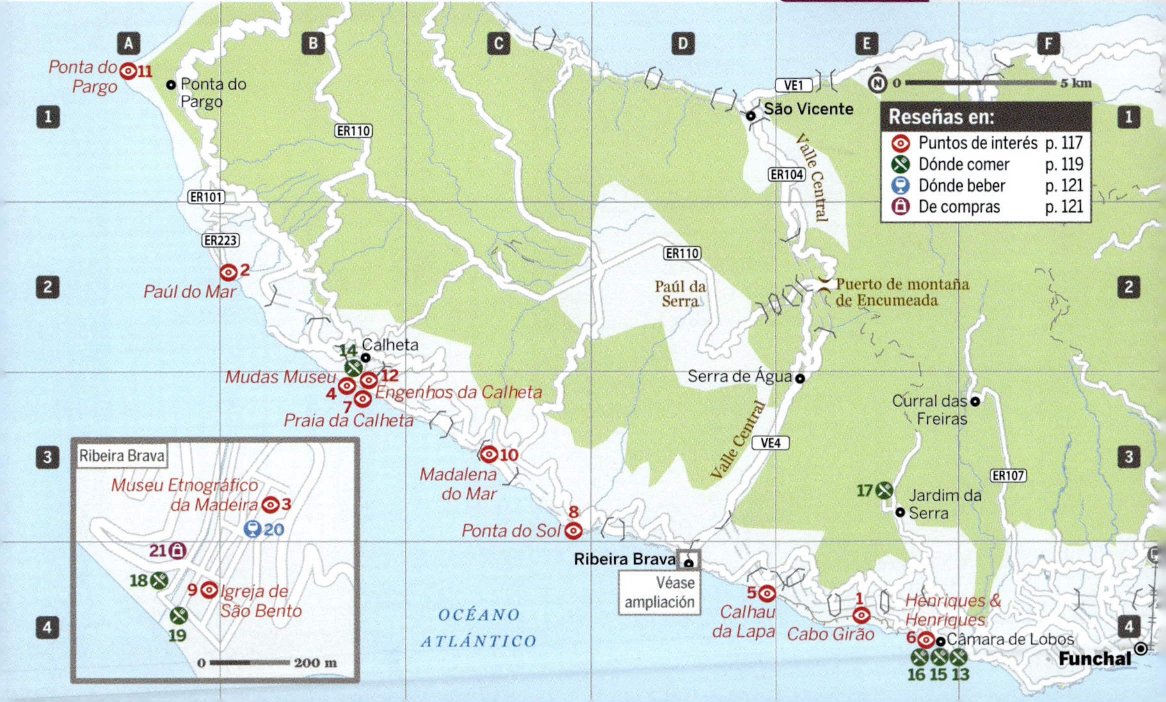
Reseñas en:
Puntos de interés p. 117
Dónde comer p. 119
Dónde beber p. 121
De compras p. 121
0 5 km
Ponta do Pargo 11
Ponta do Pargo
ER110
São Vicente
VE1
Valle Central
ER104
ER101
ER223
Paúl do Mar 2
ER110
Paúl da Serra
Puerto de montaña de Encumeada
Calheta
14
Mudas Museu 4
12 Engenhos da Calheta
7 Praia da Calheta
Serra de Água
Curral das Freiras
VE4
Valle Central
10 Madalena do Mar
ER107
17
Jardim da Serra
8 Ponta do Sol
Ribeira Brava
Véase ampliación
5 Calhau da Lapa
1 Cabo Girão
Henriques & Henriques
6 Câmara de Lobos
16 15 13
Funchal
OCÉANO ATLÁNTICO
Ribeira Brava
Museu Etnográfico da Madeira 3
20
21
18
9 Igreja de São Bento
19
0 200 m

Puntos de interés

Cabo Girão

MIRADOR

1 PLANO P. 116, E4

Unos 3 km al oeste de Câmara de Lobos, los acantilados más altos de Madeira se elevan 580 m sobre el pueblo y el vasto Atlántico color zafiro. La panorámica desde la plataforma mirador es espectacular, pero no para pusilánimes: el suelo está hecho de vidrio, pendido sobre el borde del acantilado. Muchos autobuses de Rodoeste que se dirigen hacia el oeste suben al cabo desde Funchal.

Cabo Girão significa "cabo del Retorno": se dice que, en el s. XV, el capitán Zarco dio la vuelta aquí con su barco en un primer reconocimiento. Probablemente hoy retrocedería ante los tenderetes que han ocupado lo que fuera un paraje apacible y cubierto de maleza.

Paúl do Mar

PUEBLO

2 PLANO P. 116, B2

En una cornisa bajo altos acantilados, este bonito pueblo es la capital del surf del Atlántico, e incluso ha albergado una ronda del campeonato mundial. Sus estrechas callejas, repletas de casas bonitas y macetas con flores, son ideales para un relajado paseo. Las líneas nº 80 y 115 de Rodoeste, junto a un par de servicios irregulares, hacen el recorrido desde Funchal.

Museu Etnográfico da Madeira

MUSEO

3 PLANO P. 116, B3

Es uno de los museos más interesantes de la isla, con colecciones que abordan todos los aspectos de la vida tradicional de Madeira, desde la pesca de *espada* hasta el trabajo en mimbre, la producción de vino o el transporte en carros de cesto. La vieja tienda del museo, en un ejercicio de nostalgia, aún admite escudos, la moneda de Portugal antes del euro. También suele haber tejedores de mimbre mostrando sus habilidades y fascinantes muestras temporales. (www.facebook.com/museuetnografico.damadeira)

Mudas Museu

MUSEO

4 PLANO P. 116, B3

En Calheta, en un edificio que parece salido de Minecraft, este espacio de arte contemporáneo alberga galería, tienda, café, auditorio y talleres. Las exposiciones cambian cada dos meses aprox., y el imponente edificio de basalto, obra de Paulo David, es una atracción por sí mismo. Se aconseja tomar un taxi desde la playa, pues hay una ardua subida a pie. (www.facebook.com/MUDASmuseu)

Calhau da Lapa

PLAYA

5 PLANO P. 116, D4

Al sur de Campanário, justo al lado de la Vía Rápida al oeste de Câmara de Lobos, existe un paraje de belleza insuperable que solo

Madeira podía ofrecer. El descenso hasta el Atlántico comporta unos 700 escalones (imposible contarlos). A nivel del mar, se descubre una playa de guijarros, un embarcadero y numerosas cuevas, algunas naturales y otras excavadas en la toba. Dos de ellas son diminutas pensiones de una habitación para hospedarse; sin duda, el alojamiento más extraño de la isla. Hay duchas y una cafetería. La vuelta al coche no es tan dura como cabría esperar.

Henriques & Henriques

CATA DE VINOS

6 PLANO P. 116, E4

Los expertos lo califican como el mejor productor de vinos de la isla. Solo usan uvas de sus viñas de la Quinta Grande y de Câmara de Lobos. Los caldos se maduran en enormes barricas almacenados en su moderna sede, diseñada exprofeso. Ofrecen catas gratuitas de sus cuatro tipos de vino de tres años, pero suelen cobrar las degustaciones de vinos más añejos. (www.henriquesehenriques.pt)

Praia da Calheta

PLAYA

7 PLANO P. 116, B3

Junto al paseo marítimo de Calheta, en uno de los lugares más soleados de la isla, hay dos playas artificiales frente a frente, bien protegidas, creadas con arena llegada del Sáhara Occidental. Son excelentes para nadar los días de calor; hay un supermercado y muchos sitios para comer cerca.

Calheta.

BIZI88/SHUTTERSTOCK ©

Ponta do Sol
PUEBLO

8 PLANO P. 116, C3

El lugar más soleado de la isla, de ahí su nombre, tiene una playa rocosa y un pequeño y bonito centro. Merece la pena hacer un alto en el camino entre Funchal y Calheta para visitarlo.

Igreja de São Bento
IGLESIA

9 PLANO P. 116, A4

Del s. XV, una de las iglesias más atractivas de Madeira se alza en una plaza de guijarros en el centro de Ribeira Brava. Luce tres naves divididas por arcos góticos que se alzan hasta un techo curvo y repujado. De él cuelgan dos imponentes lámparas de araña de cristal. Cuenta con elementos manuelinos, como la fuente de piedra tallada y el púlpito. (www.igrejarbrava.com)

Madalena do Mar
PUEBLO

10 PLANO P. 116, C3

En la boca de un arroyo sorprendentemente profundo, este diminuto pueblo cuenta con una larga playa de piedras y un ambiente tranquilo y relajado, nada que ver con Funchal.

Ponta do Pargo
MIRADOR

11 PLANO P. 116, A1

El punto más occidental de Madeira. Más allá del pueblo homónimo se conduce hasta el final de la carretera y se llega a un faro que alberga una exposición sobre los *faróis* de Madeira y Portugal. Sin embargo, el verdadero reclamo son las panorámicas del Atlántico, sobre todo en el ocaso.

Engenhos da Calheta
MUSEO

12 PLANO P. 116, B3

El antiguo edificio de la refinería de azúcar de Calheta alberga un museo un tanto mediocre y una tienda donde se puede comprar *bolo de mel* (dulce de melaza), melaza, ron y *poncha* (aguardiente de caña de azúcar), todo ello elaborado aún en el mismo recinto. (www.facebook.com/sociedadedosengenhosdacalheta)

Dónde comer

Ilhéu
DE MADEIRA **$$**

13 PLANO P. 116, E4

Con paredes desnudas, bombillas a la vista y estilizados azulejos pintados a mano, este pequeño y elegante bistró ofrece un respiro de la cocina de Madeira. Se puede contemplar cómo se preparan los platos de pescado y carne en la cocina abierta, saboreando un vino local. (wifi)

Convento das Vinhas
DE MADEIRA **$$**

14 PLANO P. 116, B2

Pendido por encima de Calheta, es un negocio familiar con comida excelente y el añadido de unas vistas panorámicas. La carta mezcla platos típicos de la isla y del Portugal continental, y quizá sea el único sitio que sirva una exquisitez

Los pescadores de Câmara de Lobos

El pescado típico de Madeira es la *espada*, un pez largo similar a la anguila, que los pescadores de Câmara de Lobos capturan de noche. Se verá a estos recios personajes en los muchos barecitos del pueblo bebiendo *poncha* antes de ir a la pequeña Capela de Nossa Senhora da Conceição para pedir protección mientras faenan en la procelosa mar. Las capturas llegan a la mañana siguiente y se venden en los mercados y restaurantes de la isla. Luego, los pescadores regresan a los bares para celebrar otra batalla ganada al caprichoso Atlántico.

local: las *ovas de espada* (caviar de sable negro).

Vila do Peixe

MARISCO **€€**

15 PLANO P. 116, E4

Esta marisquería contemporánea, la mejor de Câmara de Lobos, ofrece productos locales de la más alta calidad. Los peces loro, pargos rojos, doradas y *espadas* se venden al peso, sazonados y hechos a la perfección en una parrilla sobre leña de madera de acacia. Entre el marisco local hay lapas, *buccinos* y algún pulpo. En ocasiones, tienen veladas de música en directo, folk y fado incluidos. (www.viladopeixe.com)

Vila da Carne

PORTUGUESA **€€**

16 PLANO P. 116, E4

El restaurante hermano de Vila do Peixe es la "Casa de la Carne", un pulcro restaurante especializado en la tradicional *espetada* (brochetas de ternera a la parrilla). Entre las guarniciones, destacan las batatas con melaza y el típico *milho frito* (dados de polenta fritos).

Quinta da Serra

INTERNACIONAL **€€**

17 PLANO P. 116, E3

Se trata del lujoso restaurante de un hotel, ubicado en el Jardim da Serra (al norte de Câmara de Lobos). El chef francés prepara un menú imaginativo e internacional, solo con ingredientes de cultivo ecológico, algo inusual en Madeira. El comedor, caldeado en invierno con una estufa de leña, rezuma elegancia; el servicio es impecable. (www.hotelquintadaserra.com)

Muralha

PORTUGUESA **€€**

18 PLANO P. 116, A4

Un cubículo carmesí y una terraza, muy por encima de la bahía, ofrecen la opción de terminar el día distendidamente. La carta es una mezcla de carnes y pescados a la brasa; entre los platos tradicionales, se aconseja el filete de atún a la brasa y la *espetada;* entre los peninsulares, el bacalao asado con gambas y mejillones.

Don Luis

DE MADEIRA €€

19 PLANO P. 116, A4

Este conocido restaurante ocupa una gran sección del paseo marítimo y sirve enormes raciones de manjares locales. El *risotto* de marisco podría alimentar a una familia de cuatro y la ración de budín de fruta de la pasión es monstruosa. El servicio es rápido. Hay que ir con hambre.

Dónde beber

O Herédia

CAFÉ

20 PLANO P. 116, B3

Alejado del circuito turístico, este diminuto café tiene varias mesas en la soleada Largo dos Herédias, cerca del Museu Etnográfico da Madeira de Ribeira Brava (p. 117). Sirve cafés, cervezas, licores y comidas ligeras.

De compras

Provecto

CAFÉ

21 PLANO P. 116, A4

Con sede en Canhas, pero dedicado principalmente a la venta por internet, Duarte Roche es uno de los últimos marroquineros que quedan en Madeira que fabrican las tradicionales *botachã* (botines de cuero). También hace a mano zapatos más modernos basados en su diseño.

En dos días elabora un par de zapatos a medida por unos 100 €, que también envía a domicilio. Un maravilloso recuerdo artesano. (www.facebook.com/provecto.madeira)

Câmara de Lobos.

Merece la pena

Recorrer las rutas por 'levadas'

Una de las grandes atracciones de Madeira es el senderismo por levadas, 2500 km de antiguos canales de riego que permiten seguir senderos suaves por la naturaleza. Un camino de levada es la experiencia por antonomasia en Madeira. Se aconseja salir temprano de Funchal, caminar, hacer un pícnic por el camino y volver para cenar. Hay que probar al menos una. Muchos se enganchan de inmediato.

Suelen ser accesibles en autobús, pero no siempre.

Muchos senderistas contratan un taxi para que les recoja al final de la ruta.

Por cuenta propia

Hay pocas rutas de *levadas* que no puedan hacerse de forma independiente. No obstante, acceder al inicio del camino exige cierta planificación, sobre todo si no se dispone de coche. Todas las empresas de autobuses de Madeira ofrecen sus horarios en línea y las rutas están diseñadas pensando en turistas y senderistas. La oficina de turismo de Funchal ayuda con la planificación, y también los hoteles. Ir en coche también tiene sus inconvenientes, ya que los caminos de *levada* son lineales, así que se necesitará un autobús para volver al aparcamiento. El taxi es una buena solución, aunque puede ser caro. P. ej., si se pide que un taxi de Funchal espere en Portela, el viaje de vuelta a la ciudad costará más de 50 €.

Circuitos organizados

Todos los días, salen al menos 10 circuitos a las *levadas* para hacer rutas de medio día o un día. Esto significa que no hay necesidad de pensar en el problema de la ida y la vuelta a la ciudad, pero los grupos suelen moverse rápido y no se tiene la libertad de parar donde se quiera. Los circuitos son baratos (30 € aprox. por una ruta de un día), los guías suelen ser muy entendidos y la empresa organizadora normalmente recoge y deja a los turistas en su alojamiento. Sin embargo, los grupos pueden ser grandes, atascan los caminos estrechos y espantan la fauna. Los formados por cruceristas son especialmente numerosos. Si se paga algo más, se puede incluir el almuerzo. En la zona hotelera hay muchos sitios para contratar estas salidas.

Mapas y guías

Si se va por cuenta propia, se recomienda llevar un mapa o una guía especializada. Las de Sunflower de Madeira, de John y Pat Underwood, son el referente para todos los demás y se encuentran por toda la isla (incluso en supermercados de la zona hotelera). *Levadas and*

★ Consejos

- Suele ser buena idea preguntar en la oficina de turismo si la ruta elegida está afectada por el clima o por obras.
- Es imprescindible llevar buenas botas de senderismo, linterna, chubasquero y comida.
- Los tramos desprotegidos son frecuentes y nada aptos para quienes sufran vértigo.
- Nunca hay que meterse en las *levadas*, ni arrojar nada en ellas, ni usarlas como aseos.

Una pausa

Hacer una pausa en las *levadas* es sencillo: basta con llevar lo necesario para un pícnic. Hay poquísimas opciones para comer en las rutas.

Footpaths of Madeira, de Raimundo Quintal, está algo desfasada, pero da mucha información. *Walking in Madeira,* de Cicerone, incluye 60 rutas por toda la isla, y *Walk Madeira,* de Shirley y Mike Whitehead, describe caminatas para todos los niveles. *Madeira Tour and Trail,* en escala 1:40 000 y disponible en Madeira, es uno de los mejores mapas. La hoja Kompass 234 de Madeira a escala 1:50 000 también es útil en los senderos y al volante. La aplicación de mapas sin conexión mapy.cz muestra la mayoría de las *levadas* en modo exterior.

De Ribeiro Frio a Portela

- **Inicio** Restaurante Ribeiro Frio
- **Final** Portela
- **Distancia** 11 km; 4 h

Uno de los caminos de *levada* mejores y más accesibles es la ruta clásica que parte de Ribeiro Frio y atraviesa algunos paisajes espectaculares, entre las laderas de acantilados y por la densa laurisilva protegida por la Unesco, para terminar en Portela, con la compañía de los rápidos de la Levada do Furado casi todo el camino.

Las líneas nº 56 y 103 de Horários do Funchal paran en el Restaurante Ribeiro Frio (p. 139). Detrás está el inicio de la Levada do Furado. La ruta está señalizada como PR10.

Después de 1 h, se llega a un puente donde la Levada do Furado se une con otra: la **Ribeira do Poço do Bezerro,** un buen sitio para almorzar. El lugar resulta agradable con el sonido del agua gorjeante, el susurro de los árboles y el canto de los pájaros.

Pasada 1¼ h, la ruta y la *levada* atraviesan una enorme **grieta en la roca.** Desde fuera, parece que se necesite una linterna, pero no es así. Hay que seguir los escalones de piedra hasta llegar al final.

A las 2 h, las cosas se ponen difíciles: la *levada* y el sendero se estrechan en una cornisa excavada en la escarpa llamada **Cabeça Furado.** Hay partes muy expuestas y conviene mirar bien dónde se pisa.

Tras unas 2¾ h, debería llegarse a la **estación forestal de Lamaceiros,** desde donde se ve Ponta de São Lourenço. A partir de ahí, todo es cuesta abajo con unas vistas espectaculares y el camino restante es muy fácil.

La Levada do Furado termina en Lamaceiros y de ahí se sigue por la Levada da Portela: un torrente de agua o un canal de cemento seco, según dónde se necesite el agua. Al bajar, se divisa la enorme **Penha D'Águia** y el pueblo de Faial, en la costa norte.

El descenso a **Portela** pasa por el pantano que almacena el agua de la *levada* para su posterior distribución. Al llegar a la carretera, al final del camino, hay que girar a la izquierda hacia Portela. Las líneas nº 20, 53 y 78 de SAM van de vuelta a Funchal.

Levada do Caldeirão Verde

- **Inicio y final** Queimadas
- **Distancia** 13 km; 4 h

La popular ruta PR9 es una de las *levadas* más pintorescas. Cubre

Historia de las 'levadas'

En muchos lugares del mundo existen sistemas de riego, pero ninguno se parece a las *levadas* de Madeira. Aparte de ser una proeza de ingeniería, determinación y agudeza, su accesibilidad y los paisajes espectaculares a los que dan acceso las hacen únicas. Son el alma de la isla y suministran agua a hogares, huertas y jardines, así como electricidad mediante energía hidroeléctrica. Al carecer de auténticos ríos estables, la vida en la isla apenas sería posible sin ellas.

¿Y cómo esta isla tan pequeña llegó a tener una red tan enorme de *levadas*? Los primeros colonos se dieron cuenta pronto de que, de algún modo, había que canalizar el agua de lluvia y el rocío que caía en el interior montañoso hasta la costa sur, cálida y seca. El norte de la isla recibe más de 2000 mm de precipitaciones anuales, mientras que la fértil costa del sur quizá no vea lluvia abundante en meses. En el s. XVI, empezaron las obras de creación de unos acueductos de cauce rápido, cuya red se desarrolló durante los tres siglos siguientes, a menudo con mano de obra esclava. Fueron muchos los que murieron excavando los canales en parajes montañosos increíblemente escarpados, pero, para el s. XX, 1000 km de *levadas* suministraban ya agua para la agricultura y el consumo.

No obstante, había un problema: muchas *levadas* eran de propiedad privada y la distribución de la tan preciada agua resultaba injusta. En 1939, el Estado intervino para analizar el sistema de riego y encargar más canales. Para 1970, el sistema estaba terminado, aunque aún se hacen algunos trabajos menores. Las *levadas* más largas de la isla, como la Levada do Norte y la Levada dos Tornos, se construyeron entonces y son infraestructuras vitales.

Mientras se disfruta ociosamente de un paseo por las *levadas*, no está de más pensar en quienes se encargan del mantenimiento de los cientos de kilómetros de canales, túneles, puentes, pantanos, conductos y esclusas. Al 99% del sistema solo puede accederse a pie; normalmente, los equipos de trabajadores tienen que arrastrar las herramientas y los materiales a lo largo de decenas de kilómetros hasta donde ha caído una roca o un corrimiento de tierras ha provocado un atasco. Es frecuente encontrarse a estas cuadrillas en los caminos.

6,5 km (más otros tantos de vuelta) por paisajes espectaculares, con tramos imposibles que se aferran a caras verticales de roca y a través de túneles. Es imprescindible llevar una linterna y también el bañador para darse un chapuzón al final.

Para llegar a **Queimadas,** hay que tomar uno de los tres autobuses matutinos de la línea nº 56 de Horários do Funchal a Santana

y luego, un taxi. Si se comienza temprano, se puede ir andando desde Santana; son 4 km, pero casi todos cuesta arriba y agotadores si hace calor.

A unos 990 m sobre el nivel del mar, el **Parque Forestal de Queimadas** es un sitio encantador, con refugios de madera en torno a un estanque de patos, en mitad de un mar de musgo y helechos verdes. De aquí salen dos rutas populares: una a Caldeirão Verde y otra al Pico das Pedras.

Desde Queimadas, un camino de arcilla roja, plagado de raíces arbóreas, recorre la *levada*. El primer gran obstáculo que tiene que superar el curso del agua son **dos quebradas** formadas por la Ribeira dos Cedros y la Ribeira da Fonte do Louro. Poco después de dejarlas atrás, aparece el primer túnel corto.

A continuación, hay tres **túneles** seguidos uno tras otro: es el momento de sacar la linterna. El más largo es el segundo, que forma una curva, así que no se ve el final al entrar en él. Cuidado dónde se pisa; el suelo es irregular y húmedo a menudo. Conviene apuntar la linterna unos 5 m por delante y mantener la cabeza gacha.

Las **aves** son otra de las atracciones de la ruta. Como en otros caminos de *levada*, los pinzones se acercan a picotear. También se avistarán palomas de Madeira, reyezuelos listados, lavanderas cascadeñas y gavilanes.

A poca distancia del último túnel, aparece **Caldeirão Verde** a la izquierda. Es uno de los sitios más bonitos de la isla: una cascada que cae en un lago desde unos 100 m de altitud, rodeada por un alto anfiteatro de plantas. La experiencia es mágica.

Rabaçal: Levada do Risco y Levada das 25 Fontes

- **Inicio y final** Rabaçal
- **Distancia** 16 km; 4 h

Rabaçal, en el extremo sur del Paúl da Serra, es una maravilla de manantiales y cascadas, y el lugar donde convergen tres *levadas*. Esta ruta lleva a dos de ellas y es una de las pocas en las que se verán vecinos de excursión.

No hay manera de llegar a Rabaçal en transporte público. Ningún autobús cubre la carretera ER110, que atraviesa el Paúl da Serra. Organizar el trayecto desde Calheta es lo más barato; otra opción es alquilar un coche. La carretera a Rabaçal desde la ER110 está cerrada al tráfico, así que habrá que aparcar y seguir andando.

Las rutas PR6 (Levada das 25 Fontes) y PR6.1 (Levada do Risco) empiezan en **Rabaçal** (1064 m). Combinadas, son 16 km de caminata, geniales para un día de excursión. Saliendo de las casas de Rabaçal, hay que seguir la *levada* más alta, la Levada do Risco. Después de unos 30 min, se debe pasar junto a una bifurcación a la otra ruta, la que lleva a 25 Fontes.

Pasados solo 10 min, se llega a la espléndida **cascada de Risco,** que cae desde una altura de 100 m a una laguna. Es un sitio romántico, sobre todo si no hay grupos de turistas. Probablemente también sea la hora de comer, y no hay mejor lugar en la isla para hacer un pícnic.

Tras retroceder unos 10 min, se llega de nuevo a la bifurcación, para seguir esta vez por la Levada das 25 Fontes. Después de 20 min, se cruza el lecho de la **Ribeira Grande.** A continuación, el canal se estrecha considerablemente, con desniveles a la izquierda. Hay que tener especial cuidado en este tramo.

A los 30 min aprox., se debe llegar a **25 Fontes,** otra poza alimentada por numerosas cascadas (aunque quizá no 25). Según la leyenda, quien se sumerge en la laguna nunca sale a la superficie. El agua se abre camino finalmente hasta la planta hidroeléctrica de Calheta. Desde aquí, hay que retroceder por el mismo camino de vuelta a Rabaçal.

Explorar

Montañas del interior

Las montañas de Madeira se alzan desde el nivel del mar hasta más de 1800 m en solo 12 km, lo que significa que es en el interior donde reina la famosa "verticalidad" de la isla. Las afiladas cimas de basalto, los valles bajos y las abismales gargantas son un terreno de aventuras en el verdadero sentido de esas palabras. También aquí se encuentran las mejores rutas por levadas y senderos de larga distancia de Madeira.

Lo esencial

- ***Curral das Freiras (p. 130)*** *La ubicación de este pueblo, al fondo de una enorme caldera de roca, es alucinante.*
- ***Rabaçal (p. 137)*** *Hacer senderismo en las levadas de esta ladera verde y exuberante.*
- ***Pico do Arieiro (p. 137)*** *Ver el amanecer desde esta cima de fácil acceso.*
- ***Ribeiro Frio (p. 138)*** *Refrescarse al inicio o final de este paseo por una levada.*

Cómo llegar y desplazarse

SAM, Rodoeste y Horários do Funchal tienen servicios a las montañas.

Plano de la zona en p. 136.

Curral das Freiras (p. 130).
SIMON DANNHAUER/SHUTTERSTOCK ©

Las mejores experiencias

Degustar las especialidades locales en Curral das Freiras

Situado al fondo de una enorme caldera de roca, es una de las excursiones más populares de un día desde Funchal, pues combina esa típica combinación de la isla de impresionante paisaje montañoso, ruta a pie fácil, especialidades locales y lugareños amables. El pueblo queda a un breve trayecto (casi en vertical) en autobús del bullicioso paseo marítimo de Funchal.

PLANO P. 136, D3

www.jf-curraldasfreiras.pt

Caminata desde Eira do Serrado

Una bonita forma de llegar a Curral das Freiras es tomar el autobús en el mirador de Eira do Serrado, a 1094 m sobre el nivel del mar, y bajar andando desde allí. Se podrá disfrutar de las alucinantes vistas del fondo del valle, unos 700 m por debajo, antes de emprender la ruta de bajada desde detrás del hotel. Es un sendero popular de 4,5 km, todo cuesta abajo y cubierto casi por completo por escalones redondeados. Los elevados salientes de roca volcánica del camino son ideales para hacer pícnic, y el aire está perfumado por eucaliptos y alcanforeros.

Castañas y 'ginja'

El pueblo tiene varios sitios para degustar especialidades locales. Las castañas se recogen entre octubre y enero, pero están disponibles todo el año como ingrediente en sopas, pan, galletas, dulces, licores y golosinas. Curral celebra incluso la Festa da Castanha a principios de noviembre y exporta sus productos a los centros turísticos de Funchal. También es popular el *ginja*, un licor de cereza que se bebe en toda la isla en vasitos hechos de chocolate negro.

El pueblo y su entorno

También vale la pena visitar la bonita Igreja de Nossa Senhora do Livramento, interesante por su ubicación al borde de un risco junto a la carretera principal. Junto al restaurante Vale das Freiras se halla **Nun's House,** un museo sobre la vida local del valle a través de objetos cotidianos. En torno a Curral das Freiras hay asentamientos evocadores donde los lugareños cultivan verduras en bancales según se sube por el valle.

★ Consejos

- Se recomienda hacer la caminata desde Eira do Serrado cuesta abajo, aunque hay quien la hace de subida desde Curral das Freiras.
- El camino entre Eira do Serrado y Curral das Freiras es seguro, pero hay que tener cuidado si ha llovido mucho.
- Los autobuses de la mañana paran en Eira do Serrado, pero los últimos servicios no.
- Los últimos autobuses de Curral das Freiras a Funchal salen al final de la tarde; hay pocas posibilidades de quedarse varado.
- Para los aficionados a las castañas, el mejor momento para viajar es en otoño, cuando están recién cosechadas.

✕ Una pausa

Una buena opción es Vale das Freiras (p. 139), con una carta de platos tradicionales a base de castañas.

Sabores do Curral (p. 139) tiene un toque un poco más *gourmet* y varios platos internacionales.

Circuito a pie

Del Pico do Arieiro al Pico Ruivo

Posiblemente el más espectacular paseo de Madeira a gran altitud, esta ruta de montaña, en ocasiones desafiante, une los tres picos más altos de la isla. Por encima de las nubes, las vistas son asombrosas, pero hay que ir preparado: es esencial llevar calzado resistente, ropa de abrigo, linterna, agua y comida. Puede hacerse de forma independiente, aunque los desprendimientos hacen recomendable contratar un guía.

Datos

Inicio Pico do Arieiro

Final Pico Ruivo

Distancia 5 km; 4 h

❶ Pico do Arieiro

La cima de la tercera montaña más alta de Madeira (1818 m) se ve concurrida a primeras horas. Hay quien desayuna en el café con las mejores vistas de todos los restaurantes de Madeira, otros ajustan los equipos y algunos simplemente hacen fotos del paisaje que les rodea. La ruta PR1 al Pico Ruivo está esperando.

❷ Ninho da Manta

A unos 20 min del inicio, la primera parada para la mayoría es Ninho da Manta (Nido del Gavilán), un *miradouro* con vistas impresionantes a la Penha D'Águia (peña del Águila), una enorme montaña en la costa que, según los lugareños, se parece a la cabeza de un águila.

❸ Túnel do Pico do Gato

Tras unos 45 min, la linterna empieza a ser útil para entrar a la casi total oscuridad del primer túnel de la ruta, el del Pico do Gato, la montaña que se ve al salir al sol o a la niebla.

❹ Bifurcación en el camino

Transcurrida 1 h, el sendero se divide. A la izquierda queda la ruta más fácil, por diversos túneles; a la derecha, el camino es más largo y difícil. En este caso se sigue por la derecha.

❺ Pico das Torres

Después de una larga subida, una fisura en la roca a 1 h y 40 min del inicio anuncia la llegada al Pico das Torres (1853 m), la segunda cima más alta de Madeira. El Pico Ruivo aparenta estar al otro lado del sendero, pero aún quedan 2 h.

❻ El túnel

Pasadas 2½ h, hay otra división en el camino, pero esta vez no se puede elegir, pues una barrera impide el acceso al antiguo y peligroso sendero. Se sigue el camino nuevo por el túnel.

❼ Pico Ruivo

Tras 3 h y 40 min, se debería haber llegado al refugio de montaña por debajo del Pico Ruivo (1862 m). Muchos se dan por satisfechos ahí, pero la cima está a solo 500 m y vale la pena subir para gozar de las estupendas vistas.

Circuito a pie

De Boca da Corrida a Encumeada

Este recorrido por el paisaje montañoso de Madeira sigue el sendero de la Caminha Real da Encumeada (PR12), una de las principales rutas a pie y a caballo antes de que se construyeran las carreteras. La ruta, bien señalizada y preservada, bordea los pies de las cimas más altas de Madeira y sube muy por encima del límite de los árboles. Hay que consultar siempre la previsión meteorológica.

Datos

Inicio Boca da Corrida

Final Estalagem Encumeada

Distancia 13,3 km; 4 h

❶ Corrida

La línea nº 96 de Rodoeste sale de Funchal dos veces por la mañana para ir a Corrida. Solo el trayecto, un ascenso en apariencia vertical desde Câmara de Lobos, es una forma estimulante de empezar el día. El autobús deja a los senderistas en una última y solitaria parada desde donde hay una dura subida hasta el inicio del sendero por una carretera asfaltada.

❷ Boca da Corrida

Se tarda media hora larga en llegar a Boca da Corrida, el punto de partida. Hay una pequeña capilla y vistas al gigantesco valle, sobre el que se alza el pueblo de Curral das Freiras.

❸ Boca de Cerro

Para cuando se llegue a Boca de Cerro (1¼ h), será hora de almorzar; es un buen sitio para hacer un pícnic. Desde allí, sale una ruta alternativa: el sendero mal señalizado que baja a Curral das Freiras, extremadamente empinado y expuesto.

❹ Escarpadura del Pico Grande

Al pasar Boca de Cerro, el camino se estrecha, pero aún se distingue fácilmente. En la marca de los 90 min, se empieza a estar cerca de la base de la escarpadura del Pico Grande, una de las montañas más altas de la isla.

❺ Valle de la Ribeira do Poço

Desde el Pico Grande, el camino inicia su descenso hacia Encumeada. Transcurridas 2½ h aprox., se accede al valle de la Ribeira do Poço, un tramo verde y exuberante que contrasta con la roca desnuda de gran parte de la ruta.

❻ Encumeada

El sendero baja por el valle hasta convertirse en la pista que lleva a la carretera principal, la que cruza el puerto de Encumeada. Desde ahí se puede caminar hasta el Estalagem Encumeada para tomar un café y coger el autobús de regreso a Funchal (líneas nº 6 y 139 de Rodoeste). Consúltense los horarios antes de salir de la capital.

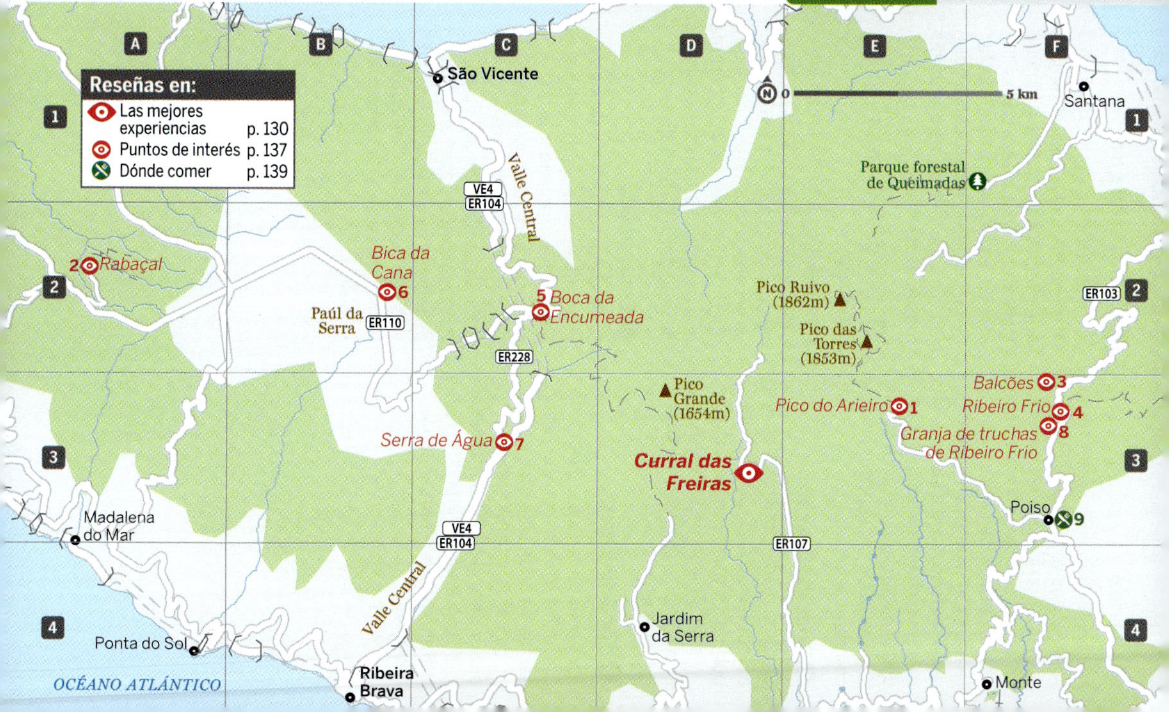
Reseñas en:
Las mejores experiencias p. 130
Puntos de interés p. 137
Dónde comer p. 139
A
B
C
D
E
F
1
2
3
4
0
5 km
São Vicente
Santana
Parque forestal de Queimadas
Valle Central
VE4
ER104
2 Rabaçal
Bica da Cana
6
Paúl da Serra
ER110
5 Boca da Encumeada
ER228
Pico Ruivo (1862m)
Pico das Torres (1853m)
ER103
Balcões 3
Pico do Arieiro 1
Ribeiro Frio 4
Granja de truchas de Ribeiro Frio 8
Pico Grande (1654m)
Serra de Água 7
Curral das Freiras
Poiso
9
Madalena do Mar
ER107
Jardim da Serra
Ponta do Sol
OCÉANO ATLÁNTICO
Ribeira Brava
Monte

Puntos de interés

Pico do Arieiro

MONTAÑA

1 PLANO P. 136, E3

Aunque es la tercera montaña más alta de Madeira, se puede acceder a ella en coche. En la cima hay un café, una estación de radar de la Fuerza Aérea portuguesa y vistas estupendas. Conviene llegar para el amanecer, aunque habrá concurrencia. Para hacerlo, hay que tomar el desvío hacia el noroeste desde la ER103 en Poiso.

Rabaçal

CASCADA

2 PLANO P. 136, A2

Las cascadas, manantiales y rutas en torno a Rabaçal son muy populares. Las opciones para pasar el día son variadas, desde refrescarse en las pozas hasta inspeccionar los helechos o visitar las 25 Fontes (cascadas). Salen excursiones a diario desde Funchal, pero no hay transporte público. Un nuevo *abrigo* (refugio) hace posible que se pueda pernoctar, aunque el número de camas es escaso. Las cascadas están 46 km al noroeste de Funchal, frente a la ER105.

Balcões

MIRADOR

3 PLANO P. 136, F3

Con un nombre muy oportuno, se trata de uno de los miradores más espectaculares de Madeira, al que se llega en una subida fácil y bien indicada de 1,5 km desde Ribeiro Frio. Ofrece vistas de las cimas más altas de la isla, la enorme caldera de roca debajo e incluso Porto Santo. Hay un bar al borde

Rabaçal.

del precipicio, a mitad de camino de la ruta.

Ribeiro Frio

PUEBLO

4 PLANO P. 136, F3

Anclado en el fondo de la montaña, aunque bajo la línea de los árboles, es el frío punto de partida de algunas rutas por *levadas*. Cuenta con un par de restaurantes acogedores, caldeados por estufas de leña, que sirven trucha local.

Consejos locales: joyas ocultas

Caniço de Baixo Ideal para los entusiastas de los amaneceres que quieran empezar el día con un espectáculo impresionante.

Ilha Este pequeño pueblo pertenece a la ciudad de Santana. Se encuentra bajo la montaña más alta de Madeira (Pico Ruivo) y aún se vive a la manera tradicional, como hace décadas.

Prazeres El lugar idóneo para alojarse mientras se explora la isla, un tranquilo pueblo cerca de Rabaçal con una puesta de sol insuperable. También está cerca de las mejores excursiones de Madeira, como las 25 Fontes o Lagoa do Vento.

Recomendado por João Caldeira, *guía profesional de Madeira; se le puede seguir en Instagram @joaolidia*

Es una parada interesante entre Funchal y Santana.

Boca da Encumeada

PUNTO DE INTERÉS

5 PLANO P. 136, C2

Está entre los valles que dividen Madeira en dos. Desde este impresionante punto a 1083 m, se ven los litorales norte y sur. Además, es el inicio de varias rutas y senderos. Un túnel que pasa por debajo de Encumeada permite que el 99% del tráfico eluda el puerto de montaña.

Bica da Cana

MIRADOR

6 PLANO P. 136, B2

Muy por encima del Valle Central, en el extremo este de la meseta de Paúl da Serra, sirve de zona de pícnic y ofrece una panorámica de las cimas más altas de Madeira, al otro lado de valle. Es famoso, además, por los molinos de viento, un añadido polémico a este lugar tan visible.

Serra de Água

PUEBLO

7 PLANO P. 136, C3

Incrustado en el Valle Central, que secciona Madeira por la mitad, es un pueblo pintoresco de 1000 habitantes algo ajeno al turismo. Está rodeado por altas montañas y bancales, donde los agricultores tienen sus cultivos. Existen algunas viviendas trogloditas habitadas por lugareños.

Granja de truchas de Ribeiro Frio

PISCIFACTORÍA

8 PLANO P. 136, F3

Ribeiro Frio es el punto de inicio de geniales rutas por la montaña y, además, alberga la que quizá sea la granja de truchas más visitada del mundo. Los peces se persiguen en tanques enormes alimentados con las frías aguas de las *levadas*. Está prohibido darles de comer.

Visita a Paúl da Serra

Obviada por muchos turistas, la solitaria Paúl da Serra es una meseta alta, un páramo sin árboles habitado por las únicas vacas de Madeira. Se sugirió trasladar aquí el aeropuerto, hasta que alguien contó los días al año que pasan estas tierras cubiertas por la niebla.

Dónde comer

Restaurante Ribeiro Frio

DE MADEIRA €€

Un refugio (véase 4 plano p. 136, D3) acogedor para antes o después de una ruta por las *levadas*, genial para tomar una comida completa y calórica y unos dulces mientras se espera el autobús de vuelta a Funchal. La granja de truchas está casi enfrente, por lo que este pescado domina la carta. El interior en madera está caldeado por estufas de hierro, perfectas tras pasar el día en una húmeda *levada*. (www.facebook.com/RestauranteRibeiroFrio)

Casa de Abrigo do Poiso

DE MADEIRA €€

9 PLANO P. 136, F3

En el desvío de la ER103 a Pico do Arieiro, en este refugio de montaña sirven platos típicos portugueses y de Madeira en un comedor acogedor, algo anticuado. Es ideal para reponerse tras una caminata con unos chupitos de *poncha* y un cuenco de sopa de tomate. Es fácil llegar en coche desde Funchal.

Sabores do Curral

DE MADEIRA €€

Es el pináculo de la escena gastronómica en esta zona turística (véase plano p. 136, D3). Tras admirar algunas de las vistas de precipicios, se podrá elegir de una carta sencilla de platos de Madeira, incluidas las especialidades locales con castañas, con una copita de *ginja* (licor de cerezas) para empezar. (www.facebook.com/oseurestaurante)

Vale das Freiras

DE MADEIRA €€

Es un restaurante-café especializado en todo tipo de platos hechos con las famosas castañas de Curral das Freiras (véase plano p. 136, D3): sopa de castañas, licores, pasteles, pan o simples castañas asadas destacan en la carta, aunque hay otros platos típicos de Madeira. Sirven una copita de licor de castañas gentileza de la casa y hay una tienda para comprar, por supuesto, más castañas.

El restaurante participa activamente en la fiesta anual de la castaña, a finales de octubre y principios de noviembre.

Merece la pena

Disfrutar de la playa de Porto Santo

Maderia es, en realidad, un archipiélago, y es que la isla principal no se encuentra sola. Las islas Desertas y las Selvagens están deshabitadas, pero 40 km al noreste se halla Porto Santo, con unos 5500 habitantes. Con un tamaño de solo 14 × 8 km, es muy distinta de Madeira: árida, de perfil bajo y con una de las mejores playas de arena dorada de Europa. Y esa es la principal razón para visitar la isla.

Binter Canarias opera dos vuelos diarios desde el aeropuerto internacional Cristiano Ronaldo.

Porto Santo Line fleta un ferri diario a/desde Funchal.

Estancia nocturna

Porto Santo suele visitarse como una excursión de un día desde Funchal, pues el pequeño ferri sale por la mañana y regresa por la noche. Pero, para saborear de verdad este lugar remoto del universo portugués, lo mejor es pasar la noche. Así se podrá disfrutar de un día de solaz playero y otro explorando la isla en bici o en moto. Hay muchos hoteles en torno a Vila Baleira, algunos con descuentos fuera de los meses de verano. La localidad tiene también un *camping*, pero se necesitará la tienda.

Vila Baleira

El único asentamiento de cierto tamaño es la aletargada Vila Baleira, donde están la oficina de **turismo** (www.visitmadeira.com) y todos los servicios de la isla. Es una de las localidades más antiguas del archipiélago, fundada en 1419 por el primer gobernador de las islas, Bartolomeu Perestrelo. El precioso y encalado **Largo do Pelourinho** alberga una bonita iglesia y muchos cafés.

La playa

Ponta da Calheta, la playa de Porto Santo, que se extiende 7,5 km desde el puerto del ferri hasta el punto más meridional de la isla, es espectacular; suele estar entre las 10 mejores playas de arena de Europa (aunque no esté propiamente en Europa). Los granos grandes son fragmentos de coral, restos de arrecifes con 20 millones de años de antigüedad. Una pendiente suave baja al frío Atlántico, y la playa está respaldada por los conos volcánicos de Porto Santo, inactivos hace mucho: el sitio perfecto donde haraganear hasta la salida del ferri. En verano, la playa atrae a familias portuguesas que escapan del calor de la península; en invierno, está desierta.

★ Consejos

- El servicio de ferri a Porto Santo suele cancelarse cuando hace mal tiempo; no devuelven el dinero, pero permiten cambiar la reserva.
- Lo mejor es visitar la isla en verano, cuando está más animada.
- Pueden alquilarse coches y motos en el paseo marítimo de Vila Baleira.

Una pausa

- **Pé na Água** (www.facebook.com/penaaguaportosanto) es un restaurante y bar de playa al oeste de Vila Baleira.
- En Camacha, al norte de la isla, **Pxo Grill** (www.facebook.com/pxogrill) es el mejor lugar de Porto Santo para comer.

OCÉANO
ATLÁNTICO
Pico de
Facho
(516m)
Pico
Castelo
(437m)
Aeropuerto
Vila
Baleira
Puerto de ferris
Porto Santo
Golfe
Playa
Pico de
Ana Ferreira
(283m)
Ilhéu de
Baixo
0
2 km
Funchal

Colón y Porto Santo

El mito local dibuja una estampa romántica: un Cristóbal Colón de 27 años paseando por la preciosísima playa de Porto Santo, recogiendo semillas exóticas arrastradas por el Atlántico, contemplando el horizonte y preguntándose qué habrá más allá...

Pero ¿cómo llegó el hombre que iba a descubrir las Américas a esta isla mínima en medio del Atlántico? Enviado a comprar azúcar en Madeira por una compañía de mercaderes de Lisboa, Colón desembarcó en Funchal en 1478. Probablemente conociera al gobernador de Porto Santo, Bartolomeu Perestrelo II, hijo del primer gobernador de la isla, de sus días en Génova. Ese mismo año, Colón se casó con su hija, doña Felipa Moniz, y se mudó a la isla hermana de Madeira. Pero en 1479 se vio golpeado por la tragedia, cuando Felipa murió y Colón quedó solo. Con el corazón roto, al poco se marchó y el resto es historia.

Casa de Colón

El único punto de interés como tal de la isla es la **Casa Museu Colombo** (www.cultura.madeira.gov.pt/casa-colombo-museu-do-porto-santo), al salir de Largo do Pelhourinho. Se dice que Cristóbal Colón vivió ahí. El museo ofrece exposiciones sobre la colonización del Nuevo Mundo y los viajes colombinos, pero, al no haber pruebas reales de que el genovés viviera en esta casa, la información sobre tal período de su vida resulta bastante vaga.

Cimas volcánicas

Porto Santo es una isla mucho más vieja que Madeira (unos 13 millones de años más) y los volcanes que se abrieron paso hasta la superficie del Atlántico han sufrido la erosión de la lluvia y el viento hasta convertirse en cimas de extrañas formas. La más alta es el **Pico do Facho** (516 m), al noreste de Vila Baleira, donde se encendían fuegos para advertir a Madeira de la inminencia de un ataque pirata. Al norte de la capital está el **Pico Castelo** (437 m) y en el lejano suroeste, el **Pico de Ana Ferreira** (283 m); ambos se pueden subir para disfrutar de vistas magníficas de la Macaronesia.

Resto de la isla

Si se alquila una bici, una moto o un coche, la isla podrá verse en un par de horas. El aeropuerto de Porto Santo es una rareza: ocupa casi todo el ancho de la isla. **Porto Santo Golfe** (www.portosantogolfe.com) es sin duda el mejor campo de golf del archipiélago. Diseñado por Seve Ballesteros, sus 18 hoyos suelen estar entre los 100 mejores campos del mundo. El mirador de Portela ofrece vistas de toda la isla y desde Vila Baleira se llega en una ruta popular de 2½ h; en la oficina de turismo informan sobre los detalles.

SEA-BORN

Guía práctica

Circuito turístico (p. 24).
PETR POHUDKA/SHUTTERSTOCK ©

Antes de partir

Alojamiento

- La mayoría de los visitantes de Madeira se queda en Funchal, sobre todo en la zona hotelera.
- Funchal tiene de todo, desde hoteles de dos estrellas de los años setenta hasta opulentos cinco estrellas.
- El alojamiento más elegante y por excelencia de Madeira son los hoteles en *quintas*, las antiguas mansiones de la isla.
- Alquilar un apartamento o una villa a través de webs de reservas se ha vuelto popular en los últimos años, aunque no está tan extendido como en otros destinos.

Webs

Madeira Portugal (www.madeira-portugal.com) Consejos, listados y otros en la web más recomendable de alojamientos.

Madeira Web (www.madeira-web.com) Los mejores hoteles de Madeira en una web.

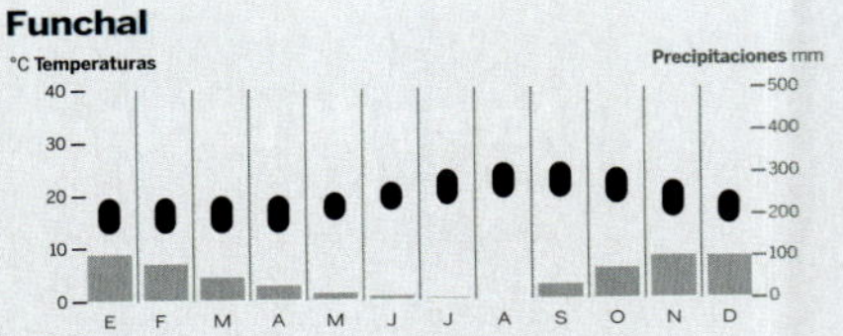

Cuándo ir

- **Feb** Época de carnavales, cuando la isla está en su mayor apogeo y esplendor.
- **Jul-ago** La temporada de más calor y menos lluvia, con todas las zonas de baño abiertas.
- **Dic** Funchal ofrece un espectáculo sin igual para fin de año.

Pestana Group (www.pestana.com) Son propietarios de varios hoteles de lujo en la isla y permiten hacer reservas directas.

Económico

29 Madeira Hostel (www.29madeirahostel.com) El mejor albergue de Funchal, en una casa del centro de la década de 1930 preciosamente reformada.

Santa Maria Hostel (www.santamariafunchal.com) Un albergue amplio en una vieja escuela de la Zona Velha con un restaurante y bar de primera.

Parque de Campismo Porto Moniz (www.portomoniz.pt) El único *camping* de Madeira, en Ribeira da Janela, cerca de Porto Moniz.

Precio medio

Estalgem Ponta do Sol (www.pontadosol.com) Espacio estiloso y minimalista en el acantilado, sobre el paseo marítimo de Ponta do Sol.

Quinta Splendida (www.quintasplendida.com) Alojamiento bien decorado en Caniço, con habitaciones entre exóticos jardines.

Dom Pedro Madeira (https://madeira.dompedro.com) El mejor hotel de Machico tiene magníficas vistas de la bahía, habitaciones cómodas y una ubicación céntrica.

Hotel Monte Carlo (www.hotelmontecarlo-madeira.pt) Antiguo y auténtico, en la parte alta de la ciudad.

Precio alto

Reid's Hotel (www.belmond.com) El hotel más ilustre de Madeira, con una lista de huéspedes plagada de estrellas.

The Vine (www.hotelthevine.com) Uno de los hoteles mejor diseñados de la isla, en el centro de Funchal.

Three House (www.threehouse.com) Un sofisticado apartotel ecológico en pleno centro.

Cliff Bay (www.portobay.com) Hotel lujoso en la zona hotelera de Funchal.

Cómo llegar

Aeropuerto internacional Cristiano Ronaldo

Está a 20 km del centro de Funchal. Se tarda unos 25 min en coche y 40 min en autobús.

SAM (www.sam.pt) opera un aerobús (ida/ida y vuelta 5/8 €, 4.00-20.00) por hora (como mínimo) entre el aeropuerto y Formosa, con paradas en el centro y la zona hotelera de Funchal.

Madeira Airport Transfers (www.madeira-airport-transfers.com) ofrece traslados a/desde el aeropuerto y reservas en línea.

Aeropuerto de Porto Santo

El único modo de ir a/desde el aeropuerto de Porto Santo a Vila Baleira es en taxi. Los hay esperando en la terminal cuando llegan los vuelos.

Terminal de cruceros

Es posible ir a pie a Funchal (15 min aprox.). Desde el centro, las líneas nº 01, 02 o 04 van a la zona hotelera.

Cómo desplazarse

Autobús

- Si no se tiene un coche de alquiler, habrá que usar el autobús para moverse por la isla.
- Las tres compañías principales son **SAM** (www.sam.pt) (este de Funchal y traslados al aeropuerto), **Rodoeste** (www.rodoeste.com.pt; oeste de Funchal) y **Horários do Funchal** (www.horariosdofunchal.pt; autobuses urbanos de Funchal y algunos servicios de montaña).
- Todos publican sus horarios en línea y ofrecen un servicio fiable.

Acampar en Madeira

En el archipiélago solo hay dos *campings* oficiales, en Porto Moniz y Porto Santo. Sin embargo, Madeira está hecha para la acampada libre y el vivac. Existe una web especializada (www.madeiracamping.com), con información sobre lugares, permisos y material, que cubre todo el archipiélago, incluidas las islas Desertas.

Servicios de autobús útiles

- **Horários do Funchal (rutas urbanas)** líneas nº 01, 02, 04 centro-zona hotelera; nº 48 zona hotelera-Monte; nº 20/21 centro-Monte; nº 22 centro-Babosas.
- **Horários do Funchal (rutas interurbanas)** líneas nº 56/103 Santana vía Ribeiro Frio; nº 81 Curral das Freiras.
- **Rodoeste** línea nº 80 Porto Moniz; nº 139 Porto Moniz vía São Vicente y Encumeada; nº 6 Encumeada; nº 7 Ribeira Brava.
- **SAM** línea nº 23 Machico; nº 113 Baía d'Abra vía Machico y Caniçal.

- Los fines de semana, los servicios son mucho más escasos.
- Casi todos los servicios empiezan y terminan en Funchal, pero también hay algunas líneas irregulares a media tarde entre otras ciudades.

Automóvil y motocicleta

- Muchos visitantes alquilan un coche durante su estancia en Madeira, lo cual facilita mucho las cosas y permite ver más.
- La autopista Via Rápida conecta Machico con Ribeira Brava a través del aeropuerto y Funchal. Está repleta de túneles y puentes sobre la ciudad.
- Fuera de la autopista, las carreteras suelen ser empinadas, estrechas y sinuosas, por lo que hay que ser ducho al volante.
- Un peculiar fenómeno son las cascadas que inundan las carreteras tras una fuerte lluvia. También peligrosos son los desprendimientos y los intensos vientos y lluvias que plagan la carretera de detritos.
- Hay varias agencias de alquiler con base en Madeira, incluidas Madeira Rent Car (www.madeirarentcar.com) y Guerin (www.guerin.pt).

Taxi

- Los taxis de Madeira son amarillos con una franja azul en el lateral. Suelen ser sedanes y furgonetas Mercedes.
- Las tarifas son 3 € por bajada de bandera (3,60 € noche y fin de semana) más 0,47 €/km (0,56 €/km). Quizá haya que pagar por las maletas.
- En Funchal se usa el taxímetro.
- Fuera de Funchal, se puede regatear para bajar las tarifas sin taxímetro.
- Muchos dueños o compañías de taxis organizan excursiones y circuitos por la isla. Suelen pagarse unos 35-45 €/persona por un día.
- Las recepciones de los hoteles buscan taxis fiables.
- Algunos taxistas buscan clientes en las paradas de autobús. Conviene no aceptar para desalentar esta práctica.

Barco

- El único servicio de ferri es la **Porto Santo Line** (www.portosantoline.pt), que hace el trayecto a Porto Santo una vez al día.
- Hay otros servicios no programados que van a las islas Desertas y salen mar adentro para hacer excursiones de pesca o avistamientos.

Teleférico

- Madeira cuenta con varios teleféricos; los más frecuentados son los que van de la Zona Velha a Monte, y de Monte al Jardín Botánico.

Información esencial

Dinero

- La divisa de Madeira es el euro (€).
- Los cajeros automáticos abundan: cada pueblo tiene al menos uno.
- El pago con tarjeta es común, aunque en ciertas situaciones (autobuses, pequeños cafés, mercados) se necesitará efectivo.
- Raras veces se espera propina.
- Madeira no ha sufrido la devastadora inflación de Europa.

Electricidad

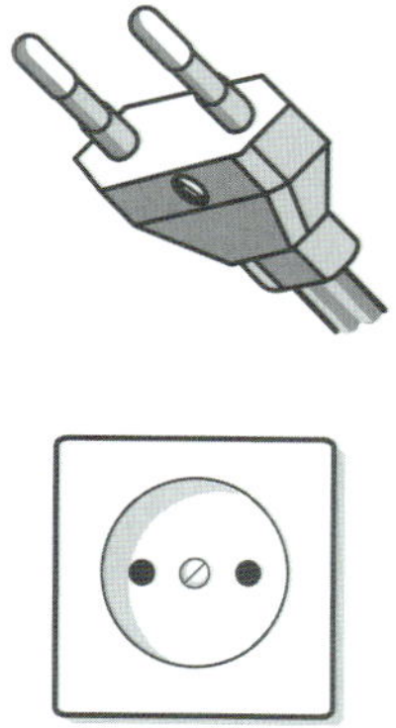

Tipo C
220V/50Hz

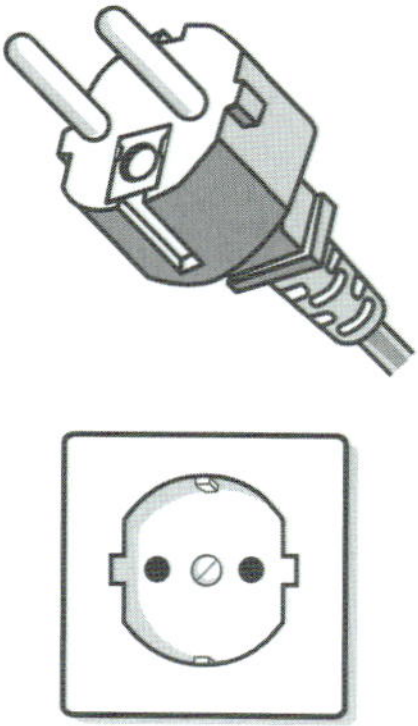

Tipo F
230V/50Hz

Fiestas oficiales

Año Nuevo 1 de enero

Carnaval (ene/feb) 40 días antes del lunes de Pascua

Pascua marzo/abril

Fiesta de la Liberación 25 de abril

Día del Trabajo 1 de mayo

Día de Portugal 10 de junio

Día de Madeira 1 de julio

Asunción 15 de agosto

Día de Funchal 21 de agosto

Día de la República 5 de octubre

Día de Todos los Santos 1 de noviembre

Restauración de la Independencia 1 de diciembre

Inmaculada Concepción 8 de diciembre

Navidad 25 de diciembre

1ª Octava 26 de diciembre

Horario comercial

Las tiendas pequeñas cierran los domingos, no así los centros comerciales y supermercados.
Horario estándar:

Tiendas 9.00-19.00

Museos 10.00-12.30, 14.00-18.00

Oficinas de correos 8.30-20.00 lu-vi, 9.00-13.00 sa

Restaurantes 12.00-15.00, 18.00-23.00

Información turística

- La principal **oficina de turismo** en Avenida Arriaga 16 en Funchal soluciona muchas dudas, pero el personal a veces puede mostrarse displicente. (www.visitmadeira.pt).
- Hay oficinas en el aeropuerto, en Estrada Monumental 175, en la terminal de cruceros y en Ponta do Sol, Santana, Porto Moniz, Vila Baleira y Ribeira Brava.
- Funchal tiene su propia **oficina municipal de turismo** (www.visitfunchal.pt).

Lavabos públicos

- Están repartidos por toda la isla y casi siempre son gratis.
- La indicación del aseo de caballeros es la letra H *(homens)* y la de señoras, una S *(senhoras)*.

Precauciones

- Cada año, dos o tres senderistas sufren accidentes en las *levadas*, en ocasiones de consecuencias lamentables. Se ha de tener mucho cuidado en los tramos estrechos y expuestos, y nunca caminar después del anochecer.
- Los vendedores ambulantes operan en el paseo marítimo de Funchal y junto a los restaurantes de la zona hotelera y la Zona Velha. Son educados, pero pueden llegar a irritar.
- Solo los conductores expertos deberían alquilar coches en Madeira. Evítese tomar atajos cuando se esté al volante.
- Los desprendimientos de rocas son problemáticos en la isla: hay que alejarse de las zonas señalizadas como peligrosas.
- Se ha de tener muy en cuenta el clima en las cotas altas. Mientras unos disfrutan de un baño en la zona hotelera, podría haber nieve en el Pico do Arieiro.

Consejos para ahorrar

- Calcular los viajes que se harán en autobuses de Funchal y cargar la Girocard en consecuencia.
- Reservar el traslado del aeropuerto.
- Usar autobuses en vez de taxis para ir a las *levadas*.
- Organizar las rutas por cuenta propia, no en grupos.
- No aceptar nunca el primer precio que ofrezca un taxista fuera de Funchal.
- Comer en los excelentes autoservicios de Pingo Doce, donde se paga al peso.

Viajeros con discapacidades

- Los hoteles modernos de la zona hotelera están obligados por ley a ofrecer accesibilidad a viajeros con discapacidades.
- Los autobuses entre la zona hotelera y el centro tienen acceso para viajeros con problemas de movilidad.
- Fuera de Funchal, los sitios no son muy accesibles en sillas de ruedas.
- El teleférico a Monte es accesible.
- Hay unos 2 km de la ruta de Pico das Pedras a Queimadas acondicionados para sillas de ruedas.
- **Madeira Best** (www.madeira.best) ofrece itinerarios para personas con problemas de movilidad y en silla de ruedas.
- Se puede descargar gratis la guía de viajes accesibles de Lonely Planet en https://shop.lonelyplanet.com/categories/accessible-travel.com.

Qué hacer y qué no

- Algunos restaurantes y sitios de ocio de alto nivel quizá exijan media etiqueta.
- Hay que dejar que los lugareños con niños suban primero en los autobuses. Si se viaja con niños, los lugareños harán lo propio.
- Hay que ceder el asiento en los autobuses a personas mayores y niños.
- No fomentar el negocio de los taxis en las paradas de autobuses.
- Aprender frases en portugués. Los portugueses son muy educados y aprecian un *bom dia* (buen día) o un *obrigado* (gracias) de los extranjeros.

Visados

- Como región autónoma de Portugal, Madeira está en la Zona Schengen.
- Los ciudadanos de la UE no tienen límite de estancia.
- El resto de nacionalidades deben consultar en la embajada de Portugal pertinente.

Idioma

La pronunciación portuguesa no es difícil, ya que muchos sonidos coinciden con los del español, sobre todo los de la mayoría de las consonantes. La mayor excepción son las vocales nasales, pronunciadas como si se intentara emitir el sonido con la nariz. Para un acercamiento más profundo al idioma y a las expresiones más útiles, se recomienda adquirir la guía de conversación *Portugués para el viajero* de Lonely Planet. En lonelyplanet.es/tienda se encontrarán guías de conversación.

Lo básico

Hola.

Olá.

Adiós.

Adeus.

¿Cómo está?

Como está?

Bien, ¿y usted?

Bem, e você?

Por favor.

Por favor.

Gracias.

Obrigado. (m) *Obrigada.* (f)

Disculpe.

Faz favor.

Perdón.

Desculpe.

Sí./No.

Sim./Não.

No comprendo.

Não entendo.

¿Habla español?

Fala espanhol?

Comer y beber

..., por favor.

..., por favor.

Un café	*Um café*
Una mesa	*Uma mesa*
para dos	*para duas pessoas*
Dos cervezas	*Duas cervejas*

Soy vegetariano/vegetariana.

Eu sou vegetariano/vegetariana. (m/f)

¡Salud!

Saúde!

¡Esto estaba delicioso!

Isto estava delicioso.

La cuenta, por favor.

A conta, por favor.

De compras

Querría comprar...

Queria comprar...

Solo estoy mirando.

Estou só a ver.

¿Cuánto cuesta?

Quanto custa?

Es demasiado caro.

Está muito caro.

¿Puede bajar el precio?

Pode baixar o preço?

Emergencias

¡Socorro!

Socorro!

¡Llame a un médico!

Chame um médico!

¡Llame a la policía!

Chame a polícia!

Estoy enfermo/enferma.

Estou doente.

Estoy perdido/perdida.

Estou perdido/perdida.

¿Dónde está el baño?

Onde é a casa de banho?

Hora y números

¿Qué hora es?

Que horas são?

Son las (10) en punto.

São (dez) horas.

Las (10) y media.

(Dez) e meia

mañana	*manhã*
tarde	*tarde*
noche	*noite*
ayer	*ontem*
hoy	*hoje*
mañana	*amanhã*

1	*um*
2	*dois*
3	*três*
4	*quatro*
5	*cinco*
6	*seis*
7	*sete*
8	*oito*
9	*nove*
10	*dez*

Transporte e indicaciones

¿Dónde está...?

Onde é...?

¿Cuál es la dirección?

Qual é o endereço?

¿Puede enseñármelo (en el mapa)?

Pode-me mostrar (no mapa)?

¿Cuándo sale el próximo autobús?

Quando é que sai o próximo autocarro?

Querría ir a...

Queria ir a...

¿Para en...?

Para em...?

Por favor, pare aquí.

Por favor pare aquí.

Entre bastidores

Actualización y sugerencias

Si el lector encuentra cambios en los lugares descritos u otros recién inaugurados, le agradeceremos que escriba a Lonely Planet en www.lonelyplanet.com/contact/guide book_feedback/new para mejorar la próxima edición. Todos los mensajes se leen, se estudian y se verifican. Quienes escriban verán su nombre reflejado en el capítulo de agradecimientos de la siguiente edición. Determinados fragmentos de la correspondencia de los lectores podrían aparecer en nuevas ediciones de las guías Lonely Planet, en la web de Lonely Planet, así como en la información personalizada. Se ruega a todo aquel que no desee ver publicadas sus cartas ni que figure su nombre que lo haga constar.

Agradecimientos de Marc

Un gran obrigado a Sandra Gouveia de la Oficina de Promoción de Madeira, a João Caldeira en Funchal, a todo el personal de las oficinas de turismo de Madeira y a mi esposa por llevar el peso del hogar durante mi ausencia.

Reconocimientos

Fotografía de cubierta: Vista aérea de Porto Moniz, saiko3p/Shutterstock ©
Fotografía de contracubierta: Mural de azulejos en la entrada del Mercado dos Lavradores, Holger Leue/Getty Images ©
Fotografías pp. 36-37 (en sentido horario, desde arriba a la izquierda): Simon Dannhauer/Shutterstock ©; Travel Faery/Shutterstock ©; itsnelsont/Shutterstock ©

Índice

Véanse también los subíndices:

Dónde comer p. 158
Dónde beber p. 158
Ocio p. 158
De compras p. 158

Puntos de interés 000
Planos **000**

Puntos de interés 000
Planos **000**

Puntos de interés 000
Planos **000**

El autor

Marc Di Duca

Autor de guías de viaje desde hace más de una década, ha trabajado para Lonely Planet en destinos como Siberia, Eslovaquia, Baviera, Inglaterra, Ucrania, Austria, Polonia, Croacia, Portugal, Madeira y el ferrocarril Transiberiano, además de escribir y actualizar docenas de guías para otras editoriales. Cuando no está de viaje, vive con su esposa y sus dos hijos cerca de Mariánské Lázně, en la República Checa.

geoPlaneta
Av. Diagonal 662-664, 08034 Barcelona
www.geoplaneta.com – www.lonelyplanet.es

Lonely Planet Global Limited
Lonely Planet Global Limited, Digital Depot,
The Digital Hub, Dublín D08 TCV4, Irlanda
www.lonelyplanet.com
Contacta con Lonely Planet en: lonelyplanet.com/contact

Madeira de cerca
3ª edición en español – enero del 2024
Traducción de *Pocket Madeira*, 4ª edición – junio del 2023
© Lonely Planet Global Limited
1ª edición en español – febrero del 2016

Editorial Planeta, S.A.
Av. Diagonal 662-664, 7º. 08034 Barcelona (España)
Con la autorización para la edición en español
de Lonely Planet Global Limited, Digital Depot,
The Digital Hub, Dublín, D08 TCV4, Irlanda

ISBN: 978-84-08-27776-7
Depósito legal: B. 11.709-2023
Impresión y encuadernación: Unigraf
Printed in Spain – Impreso en España